Französisch für Fortgeschrittene

humboldt
Sprachen

Die Sprachentitel in unserer Reihe:

Englisch in 30 Tagen*	ht 11
Englisch für Fortgeschrittene	ht 61
Englisch – Bild für Bild	ht 296
Französisch in 30 Tagen*	ht 40
Französisch für Fortgeschrittene	ht 109
Französisch lernen – Bild für Bild	ht 297
Spanisch in 30 Tagen*	ht 57
Spanisch lernen – Bild für Bild	ht 345
Italienisch in 30 Tagen*	ht 55
Italienisch für Fortgeschrittene	ht 108
Italienisch lernen – Bild für Bild	ht 344
Russisch in 20 Lektionen	ht 81
Dänisch in 30 Tagen	ht 124
Serbokroatisch für den Urlaub in Jugoslawien	ht 183
Griechisch für den Urlaub	ht 373

Die mit * versehenen Sprachentitel gibt es auch als Buch **mit Übungscassette:** Englisch (800), Französisch (801), Italienisch (802), Spanisch (803).

Französisch für Fortgeschrittene

Kurt Seibt

humboldt

humboldt-taschenbuch 109

Umschlaggestaltung: Christa Manner, München
Umschlagmotiv: Arthur Wehner
Illustrationen: Brigitta Borchert,
Continent Comics (S. 25) und Ursula Decker (S. 32)

Abkürzungen

Adj. = Adjektiv
Adv. = Adverb
Akk., Akkus. = Akkusativ
best. = bestimmter
Demonstr. Pr. = Demonstrativpronomen
Dat. = Dativ
Dt. = Deutsch
f. = femininum (weiblich)
Frz. = Französisch
30 T. = Französisch in 30 Tagen (ht 40)
Fut. = Futurum
Inf. = Infinitiv
Kond. = Konditionalis
Konj., Kj. = Konjunktiv
Lekt. = Lektion
Obj. = Objekt
m. = maskulinum (männlich)
Part., Partiz. = Partizip
Perf. = Perfekt
Pers.Pr. = Personalpronomen
Pl., Plur. = Plural
Präp., Präpos. = Präposition
qch. = quelque chose
qn. = quelqu'un
Sgl. = Singular
Subst. = Substantiv
unbest. = unbestimmter
w. = weiblich

Veröffentlicht im Humboldt-Taschenbuchverlag Jacobi KG, München
Druck: Presse-Druck, Augsburg
Printed in Germany
ISBN 3-581-66109-8

Vorwort

Die Anlage dieses Bändchens war vornehmlich von zwei Gesichtspunkten bestimmt:

1. sollten die Lektionen französischen Geist und französische Atmosphäre vermitteln, und

2. sollten die Lektionen dem Lernenden, modernen Lehrmethoden entsprechend, ein Übungsmaterial an die Hand geben, das es ihm durch Fülle und Abwechslung des gebotenen Stoffes ermögliche, das bereits Gelernte zu wiederholen und das Neue zu üben und zu festigen.

Darüber hinaus war es Aufgabe des Verfassers, in dem vorliegenden Band den mit „Französisch in 30 Tagen“* begonnenen Sprachkursus der Humboldt-Taschenbücher (Band 40) weiterzuentwickeln und so den fortgeschrittenen Lernenden noch tiefer in die französische Sprache einzuführen.

Daß dazu der neueste Stand der wissenschaftlichen Forschung wie auch der Rat von französischen Kollegen, denen hiermit der beste Dank abgestattet sei, berücksichtigt wurde, möchte der Verfasser, wenn es auch selbstverständlich erscheinen mag, nicht zu erwähnen versäumen.

* Im Text dieses Bandes abgekürzt: „30 T.“

Lesestücke und Dialoge

Grammatik

PREMIÈRE LEÇON

À la découverte de Paris

Les Dupont sont à Paris depuis quinze jours. Ils sont sans cesse par monts et par vaux et, chaque jour, ils vont à la découverte de quartiers inconnus. Ils ont déjà vu une foule de choses: des musées, des galeries de tableaux, des églises et des monuments de toutes sortes; ils ne se lassent pas d'admirer la conception grandiose des rues et des avenues.

Les Dupont sont allés dans des boîtes de nuit, à Montmartre; ils sont allés à l'Opéra où ils ont assisté à un ballet; ils ont vu le Marché aux Puces; sur les rives de la Seine, ils ont fouillé parmi les livres des bouquinistes; et surtout, ils sont montés à la Tour Eiffel: d'une hauteur de trois cents mètres, ils ont pu contempler Paris qui s'étendait sous leurs pieds comme une immense fourmilière!

Madame Dupont s'est intéressée tout particulièrement à la haute couture; elle est allée dans les grands magasins („Le Printemps“, „Le Louvre“, „Les Trois Quartiers“, „Les Galeries Lafayette“). Elle a regardé les vitrines.

Ainsi donc, ils ont vu beaucoup de choses. Et pourtant, peuvent-ils dire qu'ils connaissent Paris?

Un soir, ils bavardèrent avec le patron (le gérant) de l'hôtel qui leur demanda comment ils trouvaient Paris, ce qu'ils avaient vu. Il fut étonné en apprenant comment les Dupont avaient employé leur temps. Il leur demanda: „Êtes-vous déjà allés le soir aux Halles là où se remplit le ventre insatiable de Paris et où, après une promenade, on savoure la célèbre soupe à l'oignon? Vous êtes-vous promenés dans les rues de bon matin, alors que la brume plane encore au-dessus de la Seine et que les clochards ramassent dans les boîtes à ordures les vieux papiers, les chiffons et tout ce qui peut être utilisé d'une façon ou d'une autre, pour l'emporter sur une petite voiture à bras ou sur une charrette? Avez-vous vu la gare St. Lazare le matin, entre 7 et 8 heures, alors que la population laborieuse (les travailleurs) se précipite des trains de banlieue pour disparaître dans le métro ou les autobus? Voyez un peu, à ce moment de la journée, les autos qui se suivent à la queue leu leu, formant une inextricable mêlée.“

Les Dupont écarquillaient (ouvraient) de grands yeux; le patron s'arrêta un instant. – „Cela vous étonne?“ dit-il. „Mais je vous conseillerais vivement de consacrer quelques heures à cette expérience. Vous serez étonnés de voir quel Paris vous découvrirez. Paris n'est pas seulement la ville-lumière des étrangers, c'est aussi une ville où l'on travaille. Par ailleurs, observez attentivement les gens qui vivent ici, et vous découvrirez ainsi beaucoup de choses nouvelles. – Mais je vous demande pardon de vous avoir retenus si longtemps, vous devez être fatigués de votre promenade."

„Au contraire, nous vous remercions de vos conseils. – Soyez certain que nous les suivrons. Merci et bonne nuit!"

Vocabulaire

la découverte Entdeckung
sans cesse unaufhörlich
le mont Berg, gebr. im allg. nur in Verbindung mit einem Namen
le val, les vaux Tal (dass.)
par monts et par vaux über Berg und Tal; hier: überallhin unterwegs
le quartier Stadtviertel
inconnu unbekannt, fremd
se lasser de qch. müde werden von
admirer bewundern
la conception Geistesschöpfung, Planung
la boîte de nuit Nachtlokal
assister à qch. beiwohnen
le Marché aux Puces Flohmarkt
la puce der Floh
la rive Ufer
fouiller wühlen
parmi zwischen, unter
le bouquiniste Büchertrödler
le bouquin Buch, Schmöker
surtout besonders
la hauteur Höhe
contempler betrachten
s'étendre s. ausdehnen
la fourmilière Ameisenhaufen
particulier, ière besondere(r)
ainsi donc so also
pourtant jedoch, dennoch
bavarder schwatzen, plaudern
le gérant Geschäftsführer
étonné, e erstaunt
apprendre lernen, erfahren
en apprenant als er erfuhr
employer verwenden
remplir füllen, erfüllen
le ventre Bauch
insatiable (ißaßjabl) unersättlich
savourer kosten, genießen
l'oignon (onjo) m. Zwiebel
de bon matin in aller Frühe
la brume Nebel, Dunst (bes. morgens oder abends)
planer (in d. Luft) schweben
au-dessus de über, oberhalb
le clochard Landstreicher, Vagabund
ramasser aufheben, aufsammeln
la boîte à ordures Müllkasten
les chiffons m. Pl. Lumpen
utiliser nutzbar machen, gebrauchen
emporter wegtragen, wegbringen
la voiture à bras Handwagen
la charrette Karren
laborieux, se arbeitsam, arbeitend
se précipiter sich stürzen

la banlieue Bannmeile, Vorort
le train de ... Vorortzug
disparaître verschwinden
la queue Schwanz
à la queue leu leu einer hinter dem anderen
la mêlée Wirrwarr, Durcheinander
inextricable (i:n) unentwirrbar
écarquiller les yeux d. Augen aufsperren
s'arrêter anhalten, innehalten
conseiller raten
vif, ve lebhaft
consacrer weihen, widmen
l'expérience f. Erfahrung, Erlebnis
la lumière Licht
l'étranger Ausländer, Fremder
encore noch, auch noch, überdies
par ailleurs darüber hinaus
observer beobachten
attentif, ve aufmerksam
les gens m. Pl. Leute, Menschen
vivre leben
retenir zurück-, aufhalten
au contraire im Gegenteil
le conseil Rat, Ratschlag
certain, e gewiß

Grammaire

I. Der Teilungsartikel spielt bekanntlich im Frz. eine große Rolle. Auch diese Lektion beweist es aufs neue. Bitte vergleichen Sie:

à la découverte de quartiers inconnus; une foule de choses; des musées, des galeries, des églises usw.; *dans des boîtes de nuit, beaucoup de choses*

Darum wiederholen wir kurz die Regeln:
Der Teilungsartikel ist ein dritter Artikel des Frz., der ebenso dekliniert wird wie der bestimmte oder unbestimmte Artikel. Seine Anwendung kommt in Frage, wenn das deutsche Substantiv ohne Artikel steht. Seine Formen lauten:

Einzahl: *du - de - à du - du; de la - de - à de la - de la;*
Mehrzahl: *des - de - à des - des*

Außerdem lernten wir (vgl. „Französisch in 30 Tagen“, S. 36 f.), daß nach Substantiven und Adverbien der Menge und des Maßes nur *de* steht.

Ausnahme: *la plupart des* = die meisten, und *bien des* = sehr viele

Darin - und das soll in diesem Zusammenhang das Neue in diesem Kapitel sein - erschöpft sich die Regel jedoch nicht. Ganz abgesehen davon, daß es eine große Zahl von frz. Redewendungen gibt, die wie im Dtsch. ohne Artikel gebraucht werden (z. B. *avoir faim, avoir soif),* muß man, ehe man den Teilungsartikel verwendet, stets überlegen, ob das dtsch. artikellose Substantiv auch wirklich als Teil eines Ganzen zu verstehen ist. Wenn man z. B. sagt: Ich esse Brot, so bedeutet das, daß ich gleichsam von dem gesamten Brot auf der Welt einen unbestimmten Teil esse, frz. also: *Je mange du pain.* Sage ich jedoch: Brot ist ein Nahrungsmittel, so verbinde ich mit dem Wort „Brot" keine Teilvorstellung, sondern ich bezeichne damit nur den Stoff als solchen. Dieser Fall verlangt daher den bestimmten Artikel: *Le pain est un aliment.* Die Artikellosigkeit des Substantivs ist also für den Gebrauch des Teilungsartikels nicht allein entscheidend, sondern es muß immer der Fall einer Teilvorstellung gegeben sein. Weitere Beispiele:

L'or est un métal précieux. Gold ist ein kostbares Metall.
Il a acheté de l'or. Er hat Gold gekauft.
Le café et le thé sont des boissons excitantes. Tee und Kaffee sind anregende Getränke.
Est-ce que tu bois du thé ou du café? Trinkst du Tee oder Kaffee?
L'or et l'argent sont des métaux. Gold und Silber sind Metalle.
Il vend de l'or et de l'argent. Er verkauft Gold und Silber.

Merken Sie sich auch:

Il a le téléphone. Er hat Telefon.
Il aime fumer la pipe. Er raucht gern Pfeife.

II. Der Teilungsartikel bei Substantiv mit Adjektiv

Steht bei einem Substantiv ein Eigenschaftswort, so gelten für die Verwendung des Teilungsartikels folgende Regeln:

1) Im Singular steht bei vorangehendem Adjektiv der volle Teilungsartikel; d. h. *du, de la* oder die apostrophierte Form *de l'...:*

du bon vin, de la belle soie

Gelegentlich findet sich hier auch einfaches *de,* das jedoch nicht nachahmenswert ist.

2) Im Plural steht bei vorangehendem Adjektiv *de:*

Ils écarquillaient de grands yeux. Sie machten große Augen.
Il a acheté de belles fleurs. Er hat schöne Blumen gekauft.

Oftmals findet sich hier in der Umgangssprache vor allem auch ein *des,* dessen Nachahmung jedoch ebenfalls nicht zu empfehlen ist.

3) Bei nachstehendem Adjektiv wird im Singular und im Plural die volle Form des Teilungsartikels gesetzt:

du vin rouge, du tabac blond, des projets phantastiques

4) *petits pains* heißt nicht „kleine Brote“, sondern „Brötchen“, d. h. das Adjektiv bildet keinen selbständigen Bestandteil, sondern zusammen mit dem Hauptwort einen neuen Begriff. Da dieser auch im Frz. als Einheit empfunden wird, wird diese Zusammensetzung wie ein einzelnes Substantiv behandelt. Daher steht hier im Plural – entgegen Regel 2 – der volle Teilungsartikel *des*. Andere Begriffe dieser Art sind:

des bons mots geistreiche Bemerkungen
des jeunes filles junge Mädchen
des jeunes gens junge Leute
des grands seigneurs Adlige, vornehme Herren
des petits-enfants Enkel
des petits pois junge Erbsen

5) Werden Substantive von unbestimmten Zahladjektiven begleitet, so entfällt der Teilungsartikel. Solche Wörter sind:

certain(e)s gewisse
différent(e, es) verschiedene
divers(e, es) verschiedene
maint(e)s manche
plusieurs mehrere
quelques einige
force (veraltet) eine Menge

6) Bei Aufzählungen entfällt im allgemeinen der Artikel:

Hommes, femmes, enfants, tous étaient perdus.
Männer, Frauen, Kinder, alle waren verloren.

(1–5) **Exercice de traduction**

(1) Wir waschen uns mit Seife. Seife dient dazu, den Körper zu reinigen. Wünschen Sie, fragt der Kellner, zum Nachtisch Käse oder Obst? Käse, bitte, Herr Ober! Wenn ich die Wahl habe, trinke ich lieber Rotwein als Weißwein. *Ich* ziehe Weißwein vor, denn Rotwein macht leicht müde. Westwind bringt oft Regen, Ostwind Trockenheit. Milch, Butter, Käse, Fleisch und Eier sind Erzeugnisse der Viehwirtschaft, Kirschen, Birnen, Äpfel und Pflaumen solche der Obstwirtschaft. Kirschen gibt es schon im Monat Mai, Pflaumen erst im Herbst. Geld macht nicht glücklich (das Glück)! Er hat zwar Geld, ist aber nicht glücklich. Die Ärzte sagen, daß Tabak für das Herz schädlicher sei als Alkohol. In geringen Mengen kann Alkohol eine Medizin sein. Senf dient dazu, fettes Fleisch zu würzen. Rauchen Sie gern Pfeife? Nein, ich rauche lieber Zigaretten. Seit gestern hat er Telefon.

(2–4) Wir haben guten Wein getrunken. Er raucht gern schweren Tabak, ich ziehe leichten Tabak vor. Er hat für seine Frau schöne Seide gekauft. Das ist falsches Geld. Kleine Kinder spielen auf der Straße, große Kinder müssen für die Schule arbeiten. Er hat mir nützliche Ratschläge gegeben. Duponts sind brave Leute. Er muß (sich) neue Hefte und Bücher kaufen. Im Garten sind schöne Blumen. Er überbrachte schreckliche Nachrichten. Zahlreiche Zuschauer begrüßten die Mannschaften. Hohe Mauern umgeben die Stadt. Wilde Tiere griffen die Forscher an. Furchtbare Stürme verwüsteten das Land. Er hat so phantastische Pläne, daß er sie kaum verwirklichen kann. Er hat (sich) Brötchen gekauft. Er hat mir ungerechtfertigte Vorwürfe gemacht. Er gibt stets überraschende Antworten. Er versteht es, Witze zu erzählen. Im Garten stehen grüne Bäume und schöne Blumen.

(5) Mehrere Häuser wurden vernichtet. Verschiedene Personen haben dieses Buch gekauft. Er wendet verschiedene Mittel an, um zum Erfolg zu kommen. Er hat mit verschiedenen Personen gesprochen. Dieses Wort hat mehrere Bedeutungen. Ich habe es ihm wiederholt gesagt. Er hat seine Tüchtigkeit bei vielen Gelegenheiten gezeigt. Ich kann dir einige Bücher leihen. Er versteht gewisse Dinge nicht. Ich kann einige Wörter nicht übersetzen (Il y a . . . que). Es gibt gewisse Konstruktionen im Frz., die nicht leicht zu übersetzen sind.

Vocabulaire

Seife *le savon*
reinigen *nettoyer*
Wahl *le choix*
müde machen *fatiguer*
Ostwind *le vent d'est*
Westwind *le vent d'ouest*
Trockenheit *la sécheresse*
Erzeugnis *le produit*
Viehzucht *l'élevage de bétail m.*
Obstwirtschaft *l'arboriculture fruitière*
zwar *il est vrai*
schädlich *nuisible*
in geringen Mengen *en petite quantité*
Senf *la moutarde*
fett *gras, se*
würzen *assaisonner*
schwer hier: *fort, e*
Seide *la soie*
Ratschlag *le conseil*
nützlich *utile*
überbringen hier: *ramener*
Zuschauer *le spectateur*
zahlreich *nombreux, se*
grüßen, begrüßen *saluer*
Mannschaft *l'équipe f.*
Mauer *la muraille*
umgeben *entourer*
wild *sauvage*
Forscher *l'explorateur*
angreifen *attaquer*
Sturm *la tempête*
verwüsten *dévaster*
Plan *le projet*

phantastisch *phantastique*
kaum *à peine*
verwirklichen *réaliser*
Vorwurf *le reproche*
ungerechtfertigt *injustifié*
überraschend *surprenant, e*
sich auf etwas verstehen
s'y connaître
Witz *la blague*
vernichten, zerstören
détruire, Part. *détruit, e*

zum Erfolg kommen *réussir*
Bedeutung *le sens*
zu wiederholten Malen
à mainte(s) reprise(s)
Tüchtigkeit *la capacité*
bei vielen Gelegenheiten
à, en mainte(s) occasion(s)
leihen *prêter*
übersetzen *traduire*
Konstruktion *la construction*
leicht zu tun *facile à faire*

Redensarten

Sie werden, lieber Leser, bei Ihren Französisch-Studien wohl schon beobachtet haben, daß einzelne Vokabeln Ihnen oft wenig nützen. Man kann sich zwar mit ihrer Hilfe verständigen, aber es kommt dabei selten ein richtiges Französisch zustande. Die beste Methode, um zum rechten Sprechen zu kommen, ist die, sich die Vokabeln im Zusammenhang zu merken, d. h. sich sog. Redewendungen einzuprägen. Um Ihnen den Weg dazu zu zeigen, stellen wir am Ende einiger Lektionen die in ihnen enthaltenen wichtigsten Wendungen zusammen und empfehlen, sie sich anzueignen. Sie werden nach kurzer Zeit schon feststellen, wie sich Ihr Sprechvermögen bessert. Tun Sie dasselbe bei allen Lektionen.

être sans cesse par monts et par vaux unaufhörlich bald hier bald dort sein
aller à la découverte de qch. auf Entdeckung gehen
ne pas se lasser de faire qch. nicht müde werden, etw. zu tun
fouiller parmi les livres in den Büchern herumwühlen
s'intéresser tout particulièrement à qch. sich für etwas ganz besonders interessieren
employer son temps à faire qch. seine Zeit verwenden
le ventre insatiable der unersättliche Bauch
se promener de bon matin in aller Frühe spazierengehen
la brume plane au-dessus de ... der Nebel schwebt über ...
utiliser qch. d'une façon ou d'une autre etwas auf die eine oder andere Art nutzbar machen, gebrauchen, verwenden
à ce moment de la journée um diese Tageszeit
se suivre à la queue leu leu einer hinter dem anderen folgen
écarquiller les yeux die Augen aufsperren
ouvrir de grands yeux die Augen weit öffnen, aufreißen
être fatigué de qch. von etw. müde sein

consacrer quelques heures à qch. e-r Sache einige Stunden widmen
retenir qn. jemanden zurück-, aufhalten
retenir qch. etwas (im Gedächtnis) behalten
au contraire im Gegenteil
remercier qn. de qch. oder *pour qch.* jem. für etw. danken
suivre le conseil de qn. jem.s Rat befolgen
conseiller à qn. de faire qch. jem. raten, etw. zu tun

(6) Übung

Mein Freund ist unaufhörlich bald hier und bald dort. Er geht immer auf irgendwelche Entdeckungen aus. Er interessiert sich besonders für (die) Geschichte. Darum wird er nicht müde, in den Büchern herumzuwühlen. Er verwendet seine Zeit darauf, in aller Frühe spazierenzugehen. Um diese Tageszeit schwebt der Nebel über der Seine. Dem Rat seines Lehrers folgend, prüft er alle Auslagen der Buchtrödler, die einer hinter dem anderen folgen. Manchmal opfert er einige Stunden dafür, in den Büchern zu blättern *(feuilleter les livres)*, und oftmals sperrt er die Augen auf, wenn er einen Schatz findet. Er hat mir geraten, auch dorthin zu gehen. Ich habe ihm für seinen Rat gedankt.

Et celle-là, vous la connaissez?

M. Beauminet ne se lasse pas de vanter à sa femme les mérites extraordinaires de son nouveau chien:
– Je peux lui demander n'importe quoi, il comprend tout de suite. J'ai même l'impression, parfois, qu'il en sait autant que moi.
– Et tu crois que c'est une preuve d'intelligence? dit-elle.

celle-là (= l'histoire) Witz
se lasser de qch. e-r Sache müde werden
vanter rühmen, preisen
le mérite Verdienst, Vorzug
n'importe quoi was es auch sei, irgendwas
l'impression f. Eindruck
autant que ebensoviel wie
la preuve Beweis

DEUXIÈME LEÇON

Le peuple de Paris

Le patron de l'hôtel avait raison. Paris, ce n'est pas uniquement la ville-lumière des centaines de milliers d'étrangers qui y viennent chaque année; c'est avant tout la ville des trois millions de Parisiens qui font vivre leur ville et lui donnent son visage. On est étonné de voir combien les différences sociales y apparaissent peu. Que l'on soit directeur d'usine ou ouvrier, on s'appelle Monsieur; que l'on soit dame de la haute société ou vendeuse de marché, on s'appelle Madame. Comme on le voit, la langue, déjà, atténue les différences. La vie elle-même les connaît à peine. Aussi, on peut voir dans cette ville, l'homme le plus modeste, d'habitude en bleu de travail, venir déjeuner dans un bon restaurant (tout) aussi bien que le Monsieur bien habillé, à la grosse situation.

Et il faut voir combien les gens sont serviables, combien ils sont disciplinés, quand ils sont au volant de leur voiture (quand ils conduisent). Quelle élégance dans une indiscipline où ils font preuve cependant d'une grande attention!

Quelle vitalité il possède, ce peuple de Paris! Il faut avoir vu avec quelle avidité les Parisiens dévorent le journal, en marchant, ou debout dans le métro ou l'autobus. Il faut avoir vu avec quel intérêt ils prennent part à la vie intellectuelle et comment, chaque jour, les expositions grouillent de monde!

Et les jardins publics, paradis des enfants, avec les tas de sable, les balançoires, les toboggans, les théâtres de guignol! Les enfants y sont de véritables rois et il n'est pas rare de voir de grandes personnes se lever pour qu'un enfant puisse s'asseoir.

Et le tableau est loin d'être épuisé! Voyez un peu ces pêcheurs, assis pendant des heures le long de la Seine: de temps en temps, ils prennent un poisson minuscule! Et les agents (de police) qui, tels des dieux, peuvent, de leur bâton, mettre du calme dans le plus grand des désordres.

Les femmes sont ici plus travailleuses et plus sérieuses que dans beaucoup d'autres endroits du monde: elles ne perdent pas une minute de leur temps; malgré la bousculade des trains de banlieue ou du métro, elles trouvent le moyen d'y tricoter et il n'est pas rare d'y voir des institutrices corriger les cahiers de leurs élèves. – Et les hommes, que ne font-ils pas pour aider leur femme? Les pères poussent consciencieusement les voitures d'enfants, traînent les gosses par la main, portent les filets à provisions ...

Les couples d'amoureux s'enlacent et s'embrassent; tout le monde se conduit naturellement, a l'air insouciant et tranquille, malgré ses ennuis et ses soucis.

Il faut avoir pénétré l'âme de Paris, avoir vu les couleurs inoubliables de cette ville, qui sont introuvables ailleurs. Il faut se mêler au peuple, sur le marché, dans les rues, aux terrasses des cafés; il faut se pénétrer (s'imprégner) de tout cela, sans préjugés, sans penser que chez soi tout est différent. C'est la seule façon de faire connaissance avec Paris et d'apprendre à l'aimer. Après cela, on aura toujours envie d'y revenir.

Vocabulaire

avoir raison recht haben
uniquement einzig und allein
des centaines de milliers de Hunderttausende von ...
apparaître scheinen, erscheinen
que l'on soit ob man ... ist
l'usine f. Fabrik
l'ouvrier Arbeiter
la vendeuse Verkäuferin
atténuer verringern, mildern
à peine kaum
aussi ... que ebenso ... wie
bien habillé gut gekleidet
la situation Stellung, Position
gros, grosse (oh): eigentl. dick, stark; hier: bedeutend, wichtig
serviable dienstfertig, gefällig
le volant Steuer
conduire führen, fahren
trahir verraten
cependant jedoch
posséder besitzen
l'avidité f. Sucht, Gier
dévorer verschlingen
debout aufrecht, im Stehen
ils prennent sie nehmen
prendre nehmen
la part Teil, Anteil
l'exposition f. Ausstellung
grouiller de wimmeln von
le monde Welt, Menschen
le tas Haufen
le sable Sand
la balançoire Schaukel
le toboggan Rutschbahn
le guignol Kasperle
véritable wahrhaftig
le roi König
pour que (+ Konjkt.) damit
puisse (Kj. Prs.) von *pouvoir* können
loin de fern von
épuiser erschöpfen
le pêcheur Angler
assis, e sitzend
le long de längs
le poisson Fisch
minuscule winzig
tels hier: wie
le bâton Stock
le calme Ruhe
la bousculade Gedränge
malgré trotz
tricoter stricken
l'instituteur (Grundschul-) Lehrer
l'institutrice G.-Lehrerin
l'endroit m. Ort, Stelle
consciencieux, se gewissenhaft

gosse m., f. (Umgangsspr.) kleines Kind
le cahier Heft
traîner ziehen, schleppen
le filet à provisions Einkaufsnetz
le couple Paar
amoureux, se verliebt, Verliebte(r)
s'enlacer sich umarmen
s'embrasser sich küssen
se conduire sich betragen
l'air m. Aussehen
insouciant, e sorglos
malgré trotz
l'ennui m. Verdruß
ailleurs (ahjö:r) anderswo
pénétrer durchdringen, tief eindringen in
se pénétrer de etw. in sich eindringen lassen, sich tief einprägen
inoubliable (i:nubliaLl) unvergeßlich
introuvable nirgends zu finden
se mêler à qch. sich mengen unter
s'imprégner de etw. in sich aufnehmen
le préjugé Vorurteil
chez soi bei sich zu Hause
la connaissance Bekanntschaft
l'envie f. Lust, Verlangen

Grammaire

I. Zahlsubstantive oder Sammelzahlen. Vgl.:

des centaines de milliers

Es gibt im Frz. eine Reihe von Zahlsubstantiven, die mit Hilfe der Endung *-aine* gebildet werden. Beim Anschluß dieser Endung entfällt bei der Grundzahl das auslautende *-e*. Im allgemeinen kommen für die Bildung nur die glatten Zehner in Frage, daher finden sich vor allem folgende Formen:

une dizaine, une vingtaine, une trentaine etc. – *une centaine, des centaines.*

Außer bei dem noch vorhandenen *une douzaine,* das „ein Dutzend" bedeutet, wird durch die Endung *-aine* nur die ungefähre Zahl angegeben, also: etwa 10, 20, 30 usw. „Etwa 1000" heißt im Frz. *un millier.* Das mit der Zahl verbundene Subst. wird durch *de* angeschlossen:

une dizaine d'années etwa zehn Jahre
une douzaine d'œufs ein Dutzend Eier
une cinquantaine de livres etwa fünfzig Bücher
une centaine de personnes etwa hundert Personen
des centaines de personnes Hunderte von Personen
mille habitants tausend Einwohner
un millier d'habitants etwa tausend Einwohner
des milliers de soldats Tausende von Soldaten
par milliers zu Tausenden

Vgl. *un million de, des millions de* eine Million, Millionen
un million à peu près etwa eine Million

II. comment, comme, combien. Vgl.:

a) Il faut voir comment les gens sont serviables.
b) Il faut voir comme les gens sont serviables.
Il faut voir comme ils sont disciplinés.
c) ... de voir combien les différences sociales apparaissent peu.

In den obigen Beispielsätzen werden *comment, comme* und *combien* einfach durch „wie“ übersetzt. Der frz. Gebrauch zeigt, daß dieses „wie“ verschiedenartig wiederzugeben ist. Dazu muß man sich die Grundbedeutung der drei genannten Wörter klarmachen.

a) Comment va ton père? Dis-moi comment va ton père.
Demnach ist *comment* Frageadverb, und zwar wird damit die direkte und auch die indirekte Frage gebildet, denn in „Dis-moi comment va ton père“ liegt eine solche vor. Der Satz läßt sich nämlich auflösen in: „Comment va ton père? Dis-le-moi!“

b) In Beispiel b) ist *comment* durch *comme* ersetzt. Damit verschiebt sich der Akzent von der Frage („Wie hilfsbereit sind die Leute?“) auf den Ausruf: „Wie sehr sind die Leute hilfsbereit!“

c) Dieselbe Funktion wie *comme* erfüllt auch *combien* = wie sehr!, wie! Vgl.:
Combien nous sommes heureux de vous voir! Combien c'est beau! Combien cela sent bon! Combien elle est jolie! Combien ils sont aimables!

Für alle drei Fälle ist wichtig, daß das mit dem deutschen „wie“ verbundene Eigenschaftswort (hilfsbereit, diszipliniert usw.) oder Umstandswort (wenig) im Frz. stets *nach* dem Verbum steht.

d) Daneben sei an dieser Stelle noch einmal an die Grundbedeutung von *comme* und *combien* erinnert.
comme ist ursprünglich Adverb des Vergleichs = wie:

1) Elle m'aime comme une sœur. Il dort comme une souche (Klotz), comme un loir (Ratz, Murmeltier).
2) Il est trop lent, comme je l'avais dit.
Comme vous voyez, il est trop lent.
Il est trop lent, comme vous le voyez.
3) *combien* verbunden mit *de* heißt „wieviel“:

Combien d'argent a-t-il? Combien de fautes as-tu faites (faites mit *-es,* weil Frage nach dem Akkusativobjekt, vgl. 30 T., 132 f.)? Combien gagnes-tu par mois?

III. Konjunktiv. Vgl.:

a) que l'on soit directeur; que l'on soit dame de la haute société, on s'appelle

b) pour qu'un enfant puisse s'asseoir

Bei a) handelt es sich um den Fall einer Einräumung, die im Frz. den Konjunktiv verlangt, dt.: „ob nun ... oder ob" oder auch: „sei es, daß ... sei es, daß ..."

Im Falle b) handelt es sich um eine der Konjunktionen, nach denen im Frz. automatisch der Konjunktiv stehen muß (vgl. 30 T., S. 199); *puisse* ist Konj. Präs. zu *pouvoir* = können.

Redewendungen

atténuer les différences d. Unterschiede vermindern, ausgleichen
d'habitude gewöhnlich
un monsieur qui a une grosse situation ein Herr in bedeutender Stellung, Position
faire la queue Schlange stehen
être au volant am Steuer sein, sitzen
faire preuve d'une grande attention große Aufmerksamkeit verraten
dévorer qch. avec avidité etw. gierig verschlingen
prendre part à qch. avec intérêt mit Interesse an etw. teilnehmen
grouiller de monde von Menschen wimmeln
être loin de faire qch. weit davon entfernt sein, etw. zu tun
mettre du calme dans le désordre Ruhe in d. Unordnung bringen
pousser une voiture d'enfant einen Kinderwagen schieben
aller se promener avec qn. mit jem. spazierengehen
le couple d'amoureux Liebespärchen
se conduire naturellement sich natürlich betragen, aufführen
avoir l'air insouciant sorglos aussehen
pénétrer l'âme de qn. in j.s Seele eindringen
se mêler au peuple sich unter das Volk mengen, mischen
faire connaissance avec qn. Bekanntschaft machen mit jem.
avoir envie de faire qch. Lust haben, etw. zu tun
de temps en temps von Zeit zu Zeit
prendre un poisson e. Fisch fangen
jeter un coup d'œil sur qch. e. Blick werfen auf etw.

(1 – 3) **Exercice de traduction**

(1) Er hat etwa zwanzig Tage in Frankreich verbracht. Er wird in etwa vierzehn Tagen zurückkehren. In der Klasse sind etwa zwanzig Schüler. In etwa acht Tagen werde ich ihn wiedersehen. In der Bibliothek gibt es mehrere tausend Bücher. Vor etwa vierzehn Tagen habe ich ihn zum letzten Mal gesehen. Die Versammlung wurde von etwa hundert Personen besucht. Sie hat ein Dutzend Eier gekauft. Hunderte von Menschen klatschten Beifall. Tausende von Zuschauern wohnten dem Fußballkampf bei. Zu Tausenden strömte die Masse ins Stadion.

(2) Er fragte mich, wie ich heiße. Schreibe mir, wie es dir geht. Wie findest du dieses Buch? Wie haben Sie die Ferien verbracht? Wie willst du ihm die Neuigkeit mitteilen? Wie steht mir der Hut? Weißt du, wie es ihm geht? Zeige mir, wie du das gemacht hast.

Wie komisch das ist! Wie lange Sie geblieben sind! Wie gut Sie sind! Wie wenig es (sie) sind! Wie dunkel es ist! Du weißt, wie (sehr) er mich getäuscht hat. Ich weiß, wie freundlich er ist. Ich habe gesehen, wie fleißig er ist.

Ich brauche Ihnen nicht zu sagen, wie sehr er leidet. Wie ich die Natur liebe! Wie dankbar bin ich Ihnen, daß Sie mir geholfen haben! Ich kann Ihnen nicht sagen, wie dankbar ich Ihnen bin, daß Sie gekommen sind. Man würde nicht glauben, wie angenehm das ist. Wie glücklich sind wir, Ihnen beistehen zu können!

Machen Sie es wie ich! Er hat wie ein Löwe gebrüllt. Tun Sie ganz so wie zu Hause! Wie ich es vorausgesehen habe, ist es jetzt zu spät. Wie Sie sehen, habe ich recht gehabt. Wie ich vorhin gesagt habe, wird er nicht mehr zurückkehren. Tun Sie, wie ich sage. Er hat gehandelt, wie es die Umstände erforderten.

Ich weiß nicht, wieviel er verdient. Weißt du, wieviel Fehler er gemacht hat? Wievielmal bist du in Frankreich gewesen? Wie lange (wieviel Zeit) wird das dauern? Was kostet das? (Das macht wieviel?)

(3) Herr Lebrun ist ein Mann in bedeutender Stellung. Wenn er am Volant seines Wagens sitzt, verrät er große Aufmerksamkeit. Er nimmt mit großem Interesse an dem geistigen Leben teil. Oft besucht er die Ausstellungen, die (besonders) am Sonntag von Menschen wimmeln. Manchmal geht er in den öffentlichen Parks mit seinen Kindern spazieren, die dort wahre Könige sind. Am Sonntag führen sich alle Menschen

natürlich auf und sehen sorglos aus. Wenn man in die Seele einer Nation eindringen will, muß man sich unter das Volk mischen und mit vielen Menschen Bekanntschaft schließen. Oft muß man an den Kinos Schlange stehen, wenn man eine Eintrittskarte bekommen will. Hast du nicht Lust, Ruhe in die Unordnung zu bringen? Sehen Sie (mal), wie der Herr den Kinderwagen schiebt! Er verschlingt (dabei) eine Zeitung und ist weit davon entfernt, sich um das Kind zu kümmern. Von Zeit zu Zeit nur wirft er einen Blick auf das Baby. O diese Väter!

wiedersehen *revoir,* Fut. *je reverrai*
Bibliothek *la bibliothèque*
Versammlung *la réunion*
Beifall klatschen *applaudir qn.*
beiwohnen *assister à qch.*
Fußballspiel *la partie de football*
strömen *se porter à ...*
Stadion *le stade*
mitteilen *annoncer*
Neuigkeit *nouvelle f.*
stehen (von Kleidern) *aller*
komisch *drôle*
dunkel *sombre*
täuschen *tromper*
freundlich *aimable, gentil, le*
fleißig *diligent, assidu*
ich brauche *j'ai besoin de*
leiden *souffrir*
dankbar *reconnaissant, e*
beistehen *assister qn.*
brüllen (Löwe) *rugir*
voraussehen *prévoir*
rechthaben *avoir raison*
vorhin, gerade eben *tout à l'heure*
erfordern *exiger*
verdienen (Geld) *gagner*
dauern *durer*

Et celle-là, vous la connaissez?

– Comment s'appelle, demandait un examinateur à une étudiante, le type d'union où l'homme se contente d'une seule femme?
– La monotonie, répondit l'étudiante.

l'examinateur m. Prüfer
l'étudiant(e) Student(in)
le type Typus, Art
l'union f. Vereinigung
se contenter de s. zufriedengeben mit

TROISIÈME LEÇON

Le Parisien endimanché

Celui qui veut se faire une idée exacte du Parisien ne doit cependant pas l'observer uniquement dans l'agitation de la semaine. Il faut aussi le voir le dimanche, au repos. Regardez-le par exemple au Bois de Boulogne, ce grand parc qui fait l'orgueil des Parisiens, et où ils aiment aller „pique-niquer" (déjeuner sur l'herbe) en famille pour jouir en même temps de la nature. Là, les pères jouent avec leurs enfants, les amoureux cherchent en vain un coin tranquille, tandis que les mères tricotent ou cousent, assises sur de minuscules pliants.

Il y a tout à côté des restaurants avec d'élégantes tonnelles, et des lacs artificiels au bord desquels on fait la queue pour pouvoir louer une barque; il y a aussi le Jardin d'Acclimation, jadis peuplé d'animaux sauvages, et qui actuellement est un paradis pour les enfants qui trouvent là toutes sortes d'amusements. Là encore se trouvent les hippodromes (champs de courses) les plus célèbres de Paris: Longchamps et Auteuil.

Dans le parc de Bagatelle se trouve un amour de petit château (un adorable petit château) entouré d'une magnifique roseraie. – Il ne faudrait pas oublier non plus les terrains de sport du club le plus exclusif de France: le „Racing" (Racing Club de France) et un terrain de camping pour campeurs motorisés.

Tandis que le Bois de Boulogne s'étend à l'Ouest de Paris, le Bois de Vincennes se trouve au Sud-Est; il est moins élégant et plus populaire que le Bois de Boulogne. Le dimanche il grouille de monde, d'autant plus qu'il y a là, encore, le „Zoo" de Paris, un hippodrome célèbre et trois lacs très jolis.

C'est là une excellente occasion de connaître le Parisien et de le voir s'extérioriser (exprimer ses sentiments): on peut l'observer quand il est content, détendu, étonné, émerveillé; et en même temps, on peut voir son genre de vie (sa façon de vivre), vivant(e), bouillonnant(e) et spirituel(le).

Vocabulaire

s'endimancher sich in d. Sonntagsstaat werfen
endimanchement Sonntagsstaat, -putz
endimanché im Sonntagsputz
l'agitation f. Bewegung, Unruhe, Treiben
le repos Ruhe, Erholung

le bois Holz; Wald, Wäldchen
l'orgueil m. Stolz
pique-niquer picknicken, im Freien mahlzeiten
jouir de qch. etw. genießen
la verdure Grün
vert, e grün
en vain vergeblich
tricoter stricken
elles cousent sie nähen
coudre nähen
minuscule klein, winzig
pliant m. Klappstuhl
tout à côté dicht daneben
la tonnelle Garten-, Parklaube
le lac See
artificiel, le künstlich
auprès de bei, neben
louer mieten
le bateau Boot, Schiff
la rame Ruder
le bateau à rames Ruderboot
l'acclimation f. Gewöhnung an das Klima
le Jardin d'Acclimation Art Zoolog. Garten
jadis (ʒadi:ß) ehemals, einst
peupler bevölkern
l'animal m. Tier
les animaux Tiere
sauvage wild
actuellement gegenwärtig
l'hippodrome m. Rennbahn
le champ Feld
la course Lauf, Rennen
champ de course Rennbahn
célèbre berühmt
l'amour m. Liebe
un amour de ein Traum von
adorable anbetungswürdig, himmlisch
adorer anbeten, verehren
entouré de umgeben von
magnifique (manjifi:k) prächtig, herrlich
la roseraie Rosengarten
il ne faudrait pas man dürfte (sollte) nicht (Kondit. als Höflichkeitsform)
falloir notwendig sein
ne ... pas non plus auch nicht
les terrains de sport Sportgelände
le club (klöb) Klub
exclusif, ve exklusiv, vornehm
racing club (re:hßing) Sportklub
le camping (kamping) Zelten
l'ouest m. Westen
l'est m. Osten
d'autant plus que um so mehr als
excellent, e ausgezeichnet
l'occasion f. Gelegenheit
connaître kennenlernen
s'extérioriser s. zu erkennen geben
exprimer ausdrücken
détendu, e entspannt
la détente Entspannung
émerveillé verwundert
le genre Art
vivant, e lebendig
bouillonnant, e kochend, sprudelnd
spirituel, le geistreich, witzig

Grammaire

I. Stellung des Adjektivs. Vgl.:

A une idée exacte
un coin tranquille
peuplé d'animaux sauvages
les hippodromes les plus célèbres
le club le plus exclusif

B ce grand parc
sur de minuscules pliants
avec d'élégantes tonnelles
un amour de petit château
une excellente occasion

Sie werden sich erinnern, lieber Leser, daß wir schon einmal die Frage der Stellung des Adjektivs erörtert haben (vgl. 30 T., S. 227 f.). Da die Stellung der Adjektive aber immer wieder Schwierigkeiten macht, rollen wir das Problem hier noch einmal auf.

Entsprechend der Schulregel heißt es:

a) Schmückende Beiwörter, d. h. Adjektive, die keine neue, wesentliche Mitteilung ausdrücken, stehen *voran.*

b) Unterscheidende Beiwörter, d. h. Adjektive, die eine ganz bestimmte Eigenschaft im Gegensatz zu anderen möglichen herausstellen, die also betont sind, stehen *nach.*

c) *Vorangestellt* werden die ein- oder kurzsilbigen Adjektive:
grand – petit, beau – mauvais, saint (heilig), *cher, gros, haut, joli, vieux – jeune*

d) *Nachgestellt* werden Adjektive, von denen noch eine Ergänzung abhängt:
un élève content de son travail, une femme extrêmement sensible, les enfants heureux de leur voyage

e) Mittelwörter des Präsens und des Perfekts stehen, sofern sie als Adjektiv verwendet werden, *nach:*
un homme désespéré – ein verzweifelter Mensch; *une voix tonnante* – eine donnernde Stimme

1) Wenn man sich die unter B aufgeführten Beispiele ansieht, kann man mit Recht sagen, daß die hier vorangestellten Eigenschaftswörter *(minuscule, élégant, excellent)* durchaus auch unterscheidenden Charakter haben können, denn die Substantive, bei denen diese Eigenschaftswörter stehen, könnten auch die gegenteilige oder irgendeine andere Eigenschaft haben. Demnach müßten sie eigentlich nachfolgen, und nicht vorangehen. Wenn hier in diesen Fällen die Voranstellung gebraucht wird, so erklärt sie sich daraus, daß der Sprecher oder Schreiber den Akzent nicht auf das unterscheidende Merkmal des

Adjektivs legt, sondern daß er es affektiv, d. h. gefühlsbetont, verstanden wissen will. Da diese Stellung des Adjektivs von der normalen Regel abweicht, wird die Ausdruckskraft dieses vorangestellten Eigenschaftswortes erhöht. In diesen Fällen hängt es also ganz von dem Sprecher ab, wie er das Eigenschaftswort stellt. Rein äußerlich betrachtet, kann man hier also keinen Fehler im eigentlichen Sinn begehen, man muß sich nur klar sein, daß sich der Stilwert durch Vor- oder Nachstellung ändert.

2) Gefühlsbetontheit des Adjektivs führt, wie wir gesehen haben, zur Voranstellung. Dieses Prinzip findet mitunter auch Anwendung bei Eigenschaftswörtern, die ihrer Grundbedeutung nach ausschließlich „unterscheidend" sind:

un habit noir; *aber:* noir chagrin, faire grise mine

In *habit noir* ist das Adj. Farbeigenschaftswort = schwarzer Frack. In *noir chagrin, grise mine* werden die Adjektive bildlich oder gefühlsbetont gebraucht: *noir chagrin* = düsterer Gram, *grise mine* = mürrische Miene.

3) Mitunter führt die Vor- oder Nachstellung auch zu Bedeutungsunterschieden. So haben folgende Adjektive je nach ihrer Stellung einen verschiedenen Vokabelwert:

Voranstellung:	*Nachstellung:*
ancien, ne ehemalig	*ancien, ne* sehr alt
brave ordentlich, rechtschaffen	*brave* tapfer
dernier, ière letzte(r)	*dernier, ière* vorig
maigre mager = dürftig	*maigre* mager = ohne Fett
nouveau, nouvelle neuer, ein anderer	*nouveau* neu = neumodisch, neu erschienen
pauvre bedauernswert	*pauvre* arm = ohne Geld
propre eigen	*propre* sauber, rein

Das Kapitel „Stellung des Adjektivs" ist hiermit noch nicht völlig erschöpft. Sie dürfen aber gewiß sein, daß die obigen Erörterungen Ihnen das Wesentliche beigebracht haben. Vor allem dürfte Ihnen das Prinzipielle dieses schwierigen Kapitels klar geworden sein, und damit dürften Sie auch den Schlüssel in die Hand bekommen haben, mit dem Sie sich im Zweifelsfalle selbst die Lösung erschließen können.

Damit Sie, lieber Leser, die Anwendung der Regeln üben bzw. das Gefühl dafür erwerben können, lassen wir eine Reihe von

Beispielen folgen. Versuchen Sie jeweils die Stellung des Adjektivs zu rechtfertigen.

Voranstellung:

un grand écrivain e. gr. Schriftsteller; *une seule fois* e. einziges Mal; *les funestes désespoirs* d. düsteren Verzweiflungen; *la monstrueuse Cléopatre* d. ungeheuerliche Kleopatra; *un bon sujet* e. guter Untertan; *un pauvre pêcheur* e. armer Sünder; *la sombre beauté* d. düstere Schönheit; *un favorable accueil* e. günstiger Empfang; *un mauvais compliment* e. schlechtes Kompl.; *un ancien camarade* e. ehemaliger Kam.; *l'extrême différence* d. außerordentl. Unterschied; *un beau jour* e. schönen Tages; *un étrange contraste* e. seltsamer Kontrast; *la dernière ligne* d. letzte Linie; *un dernier mot* e. letztes Wort; *cette sotte affaire* diese dumme Angelegenheit; *la cruelle nécessité* d. grausame Notwendigkeit; *la fatale passion* d. verhängnisvolle Leidenschaft; *les derniers moments* d. letzten Augenblicke; *une nouvelle révolution* e. neue (= wieder eine) Revolution; *son affreuse douleur* sein schrecklicher Schmerz; *la seule arme* d. einzige Waffe; *pauvre France!* armes Frankreich! *le bleu ciel d'Italie* d. blaue ital. Himmel; *de mes propres yeux* mit eigenen Augen; *écrire de sa propre main* mit eigener Hand schreiben

Nachstellung:

des idées littéraires lit. Ideen; *les poètes humanistes* d. hum. Dichter; *la tragédie bourgeoise* d. bürgerliche Tragödie; *l'interprétation subjective* d. subj. Interpretation; *le style épique* d. epische Stil; *des âmes vulgaires* gemeine Seelen; *une lettre anonyme* e. anonymer Brief; *le respect convenable* d. schickl. Respekt; *un verre vert* e. grünes Glas; *en gants jaunes* in gelben Handschuhen; *les progrès étonnants* d. erstaunlichen Fortschritte; *un sourire dédaigneux* e. herablassendes Lächeln; *une scène abominable* e. schreckliche Szene; *une scène décisive* e. entscheidende Szene; *la semaine dernière* vorige Woche; *un chanteur célèbre* e. berühmter Sänger; *une âme basse* e. niedrige Seele; *la justice sévère* d. strenge Gerechtigkeit; *l'intérêt évident* d. offenkundige Interesse; *au moment fatal* im verhängnisvollen Augenblick; *la colère froide* d. kalte Zorn; *la vie élégante* d. vornehme Leben; *un air glacial* e. eisige Miene; *à voix basse* mit leiser Stimme; *une place superbe* ein(e) herrliche(r) Stellung (Posten); *une expression propre* e. genauer, treffender Ausdruck

II. Wortbildung. Vgl.:

a) galeries de tableaux, boîtes de nuit, trains de banlieue
b) soupe à l'oignon, boîtes à ordures, voiture à bras
c) ville-lumière

Die drei unter a), b) und c) zusammengestellten Gruppen zeigen anschaulich einige Möglichkeiten der Wortbildung im Frz. Das Deutsche fügt die Wörter einfach aneinander: Gemäldegalerie, Nachtlokal, Vorortzug, Zwiebelsuppe, Müllkasten, Handwagen, Eselskarren, Lichterstadt. Das Frz. hat diese Möglichkeit nicht. Der einfachste Fall der Wortbildung ist der unter c), wo die Substantive unverändert nebeneinandergestellt und durch Bindestrich gekoppelt werden. Diese Form der Wortbildung ist jedoch auf mehr oder weniger feststehende Fälle beschränkt:

la carte-lettre Briefkarte
le roman-feuilleton Zeitungsroman
le maître-autel Hauptaltar
le timbre-poste Briefmarke
le chou-fleur Blumenkohl
le papier-journal Zeitungspapier

Die unter a) verzeichneten Beispiele weisen eine Zusammensetzung mit *de* auf, wobei *de* die besondere Gattung ausdrückt, der der Hauptbegriff zugeteilt werden soll. *La chambre* bedeutet „Zimmer" allgemein. *La chambre d'hôtel* = Hotelzimmer bezeichnet eine besondere Art von Zimmer, ohne zugleich eine Zweckbestimmung anzudeuten. Das geschieht durch die Präposition *à*. Ein Zimmer zum Schlafen = Schlafzimmer ist im Frz. *la chambre à coucher*. Damit ist das Wesentliche für die Verwendung der beiden Präpositionen gekennzeichnet: *de* zeigt die besondere Gattung an, *à* die Zweckbestimmung oder auch die Art und Weise, in der etwas hergestellt ist:

la chambre d'ami Fremdenzimmer
la chambre de bonne Mädchenzimmer
la robe d'été Sommerkleid
le jardin d'hiver Wintergarten
le cimetière de village Dorffriedhof
le cri d'oiseau Vogelschrei
la salle de dessin Zeichensaal
le professeur de dessin Zeichenlehrer
un verre à vin Weinglas
une cuiller à soupe Suppenlöffel
une cuiller à thé Teelöffel
une carafe à eau Wasserkaraffe
un bloc à dessin Zeichenblock

une tasse à café Kaffeetasse
une brosse à dents Zahnbürste
une brosse à habits Kleiderbürste

Beachten Sie, daß es neben *un verre à vin* (= Weinglas) auch die Bildung *un verre de vin* (= ein Glas Wein) gibt. Während bei dem ersten Fall *à vin* die Zweckbestimmung bedeutet (ein Glas für den Wein), bezeichnet im zweiten Fall *un verre* einen Mengenbegriff, nach dem im Frz. *de* stehen muß. Entsprechend:

une tasse de café eine Tasse Kaffee
une tasse à café eine Kaffeetasse
une bouteille de bière eine Flasche Bier
une bouteille à bière eine Bierflasche
une bouteille de vin eine Flasche Wein
une bouteille à vin eine Weinflasche

Anmerkung: Außer den drei genannten Arten gibt es noch eine ganze Reihe von anderen Möglichkeiten der Substantivbildung:

la grand-mère Großmutter	Adjektiv u. Substantiv
le porte-plume Federhalter	Verb. u. Substantiv
le tire-bouchon Korkenzieher	Verb. u. Substantiv
un arc-en-ciel Regenbogen	Subst. u. Präpos. u. Subst.
le sans-travail Arbeitsloser	Präposition u. Substantiv
un on-dit Gerücht	substantiv. Verbform

(1–3) **Exercice de traduction**

(1) Unbekannte Viertel, die großartige Anlage, ein ungeheurer Ameisenhaufen, der unersättliche Bauch von Paris, die berühmte Zwiebelsuppe, ein kleiner Handkarren, die fleißige Bevölkerung, ein unentwirrbares Durcheinander, die sozialen Unterschiede, die hohe Gesellschaft, der bescheidenste Mensch, ein Mann in hoher Stellung, eine große Aufmerksamkeit, das geistige Leben, die öffentlichen Parks, wahrhaftige Könige, ein winziger Fisch, die unvergeßlichen Farben, die einzige Art, das sorglose Aussehen.
Das außergewöhnliche Abenteuer, die lange Reise, das offene Fenster, das fließende Wasser, das Frühstück, der gute Appetit, eine herrliche Landschaft, die neuen Viertel der Stadt, die blaue Silhouette, kleine runde Tische, in leichten Kleidern, viele junge Leute, die gute Laune, eine kleine Wohnung, ein junges anmutiges Mädchen, die ausgezeichnete Küche, die

Hauptmahlzeit des Tages, eine befreundete Familie *(ami, e)*, die französische Küche, eine helle *(blond, e)* Zigarette, während der schönen Jahreszeit, eine friedliche Landschaft, der dramatischste Augenblick.

(2) Dieses junge Mädchen kommt aus Toulouse. Ich habe die letzte Woche meines Urlaubs zu Hause verbracht. Der letzte Monat des Jahres ist der Dezember. Ich habe ihn letzten Sonntag getroffen. Letzte Woche war ich im Theater. Er ist ein ehemaliger Schulkamerad von mir. Er gehört einer alten, aber armen Familie an. Dieser alte Brauch *(la coutume)* existiert schon seit langem. Er hat eine schöne alte Lampe gekauft. Er ist ein alter (ehemaliger) Offizier. Sie hat ihre alte Schönheit behalten. Geben Sie mir ein neues (anderes) Buch. Er hat ein neues Leben angefangen. Amerika wird auch die Neue Welt genannt. Das neue Jahr beginnt am 1. Januar. Dies ist ein neues Buch, eine neue Mode, neuer Wein. Neue Kartoffeln. Ein neumodischer Anzug. Ein armer Mensch hat kein Geld. Wir müssen diesen armen (= bedauernswerten) Menschen helfen. Ich habe es mit eigenen Augen gesehen. Er trägt stets saubere Hemden.

(3) In Paris gibt es viele (sehr viele) Gemäldegalerien. Die Vorortzüge bringen jeden Morgen viele Menschen nach Paris. Er hat ein Glas Wein aus (dans) einem Wasserglas getrunken. Der Ober sagt: „Heute kann ich unsere Zwiebelsuppe empfehlen." In allen Großstädten der Welt gibt es Nachtlokale. Während des Krieges waren die Menschen glücklich, wenn sie einen Handkarren hatten. Unsere Wohnung hat zwei Fremdenzimmer und ein Mädchenzimmer. Meine Frau hat sich kürzlich (*récemment*) ein Sommerkleid gekauft. Jede Schule hat einen Zeichen-, Physik-, Chemie- und Biologiesaal. Anstatt eines Suppenlöffels hat er einen Teelöffel genommen. Mein Freund wollte eine Weinflasche haben, und man brachte ihm eine Flasche Wein. „In diesem Falle brauche ich einen Korkenzieher", sagte er.

Redewendungen

se faire une idée exacte de qch. s. eine genaue Vorstellung von etwas machen
dans l'agitation de la semaine im Getriebe der Woche
le dimanche sonntags
qn. (qch.) fait l'orgueil de qn. jem. (etw.) bildet j.s Stolz
en même temps gleichzeitig
jouir de qch. etwas genießen
louer une barque ein Boot leihen

tout à côté de qch. dicht bei
être peuplé de qch. von etw. bevölkert sein
toutes sortes de alle Arten von
être entouré de qch. umgeben sein von
actuellement gegenwärtig
le terrain de camping Campingplatz
exprimer ses sentiments s. Gefühle ausdrücken
le genre de vie, la façon de vivre die Art zu leben

QUATRIÈME LEÇON

Les plaisirs de la cuisine

Celui qui veut connaître les Français ne doit pas les observer uniquement dans leur travail ou dans leurs divertissements. Il lui faut encore les étudier quand ils mangent, ce qui signifie pour eux, en même temps, travail et plaisir. Travail, en ce sens que l'on reste rarement moins d'une heure assis à la même place, et plaisir - on pourrait dire aussi jouissance - parce qu'un plat est plus savoureux que l'autre. Et de ces plats, combien y en a-t-il à chaque repas? Il y a vraiment de quoi rire! Le pauvre étranger qui se trouve à table au restaurant ou à l'hôtel, attendant son repas, pense toujours que le premier plat qui lui est apporté, est le seul et unique; aussi se sert-il en conséquence, n'ayant pas idée que ce n'est là qu'un commencement, ce qu'on appelle un „hors-d'œuvre" - et il est bien affolé quand arrivent soudain les plats suivants, tous aussi bien présentés les uns que les autres, à tel point que l'eau lui en viendrait à la bouche s'il n'avait pas déjà trop mangé du premier! Oui, partout on acquiert de l'expérience, et en particulier en France. Car tout ce que l'on peut y offrir comme jouissances culinaires fait l'objet d'une véritable science.

Pour s'y reconnaître dans un menu, il y a lieu de faire tout un apprentissage! Mais si un apprentissage mérite d'être fait, c'est bien celui de la cuisine française! Et l'étranger doit encore se convaincre d'une chose, à savoir qu'il n'est pas nécessaire d'aller dans un restaurant d'apparence luxueuse pour bien manger. En France, le problème est particulier: tout le monde veut bien manger, les gens qui ont peu d'argent comme ceux qui en ont beaucoup. Aussi est-il possible de trouver, dans de petites rues modestes, parfois même d'aspect peu engageant, des auberges ou de petits restaurants où les repas qui sont servis, sont de véritables révélations. La seule différence est que les prix du restaurant ‚chic' seront largement plus élevés: le double, ou peut-être le triple de l'autre, tandis que le repas y sera parfois moins bon. Au contraire, celui qui veut vraiment calmer sa faim par une nourriture abondante, la trouvera dans un restaurant plus simple.

Il est évident qu'il faut par ailleurs se préparer à pouvoir parler: Cela augmente le plaisir que l'on peut avoir. Aussi, c'est ce que nous allons faire, de façon à être parés quand nous irons en France.

Vocabulaire

le divertissement Unterhaltung, Belustigung
signifier (si:nj.) bedeuten
en même temps gleichzeitig
la jouissance Vergnügen, Genuß
le plat Gericht
savoureux, se schmackhaft, lecker
véritablement (Adv.) wahrhaftig
rire lachen
attendant (Partiz. Präs.) wartend auf, erwartend
se servir de qch. sich e. Sache bedienen
en conséquence folglich, dementsprechend
ayant (Partiz. Präs.) habend
ne .. que nur
affolé, e erschrocken, außer sich
aussi bien ... que ebensogut ... wie
présenter vorsetzen, anbieten
à tel point que in solchem Maße, daß; so sehr, daß
le point Punkt, Stelle, Grad, Zustand
l'eau f. Wasser
la bouche Mund
partout überall
acquérir de l'expérience f. Erfahrungen sammeln
en particulier insbesondere
culinaire kulinarisch, Küchen-, Koch-
la science Wissenschaft
reconnaître wiedererkennen, anerkennen
s'y reconnaître sich darin auskennen
avoir lieu Grund, Anlaß haben
l'apprentissage m. Lehre, Lehrzeit
mériter verdienen
se convaincre s. überzeugen
à savoir que ... nämlich daß ...
l'apparence f. Erscheinung, Aussehen
luxueux, se luxuriös
particulier, ère ganz besondere(r,s), eigenartig
tout le monde jedermann
modeste bescheiden
même sogar
l'aspect m. Anblick, Aussehen
engageant (ɑ̃gaʒɑ̃) verführerisch, verlockend
l'auberge f. Wirtshaus, Gastwirtschaft
la révélation Enthüllung, Offenbarung
large weit, breit, dick
largement (Adv.) weitgehend, reichlich
élever erheben, vergrößern (Preis) erhöhen
le double das Doppelte
le triple das Dreifache
calmer beruhigen, stillen
la faim Hunger
la nourriture Nahrung, Speise
abondant, e reichlich, ausgiebig
évident, e offenbar, einleuchtend
par ailleurs übrigens, außerdem
de façon à so daß man
parer schmücken, zurichten, zubereiten
j'irai (Fut. von *aller*) ich werde gehen, fahren

Grammaire

I. Personalpronomen. Bzgl. der Personalpronomen, ihrer Formen und ihrer Stellung sei zunächst auf 30 T., S. 25, 51 ff., 56, 97, 124 f., 217, 241 f. verwiesen. Darüber hinaus bestehen folgende Möglichkeiten:

a) **Il ne doit pas les observer; on peut lui offrir; il doit se convaincre.**
b) **Je le vois venir; il m'a entendu sortir; je le sens venir; je l'ai laissé entrer; il la fit entrer.**
c) **Il lui faut les étudier.**

Wie die Beispiele zeigen, steht im Falle a) das Pers.Pr. vor dem Infinitiv, im Falle b) vor dem konjugierten Verbum. Wo das Pers.Pr. zu setzen ist, hängt dabei jeweils davon ab, wozu es Objekt ist.

Im Falle a) sind die Pronomen *les, lui, se* Objekte zum Infinitiv; im Falle b) sind die Pronomen *le, me, le, la* Objekte zu den Verben *voir, entendre, sentir, laisser* und *faire.*

Bei dem Beispiel c) „Il lui faut les étudier" steht jeweils ein Pron. vor dem konjugierten Verb und eines vor dem Infinitiv, und zwar aus dem Grund, weil *lui* Dat.Objekt zu *il faut* ist („es ist ihm nötig") und *les* Akk.Obj. zu *étudier* („sie studieren"). Demnach kann man sich folgendes Schema merken:

je veux le faire	je l'entends venir
je peux le faire	je le vois venir
je dois le faire	je le sens venir
il faut le faire	je le laisse venir
je sais le faire	je le fais venir

II. Infinitiv. Vgl.:

pour s'y reconnaître, pour bien manger, de façon à être paré(s), il y a vraiment de quoi rire, à savoir

Neben dem Gebrauch des Infinitivs mit *de, à* und ohne Präposition gibt es, wie die obigen Beispiele zeigen, noch weitere Präpositionen, nach denen der Infinitiv möglich ist. (Vgl. 30 T., S. 65, 89, 118, 121 f., 180, 194.)

a) Entsprechend dem Deutschen:
pour faire, afin de faire um zu tun
sans faire ohne zu tun
au lieu de faire anstatt zu tun

b) Abweichend vom Deutschen, d. h. nicht durch Infinitiv übersetzbar:
de manière, de façon à faire so daß man tut
après avoir fait nachdem man getan hat

avant de faire bevor man tut
à moins de es sei denn, daß

c) Auch die Präposition *par* kommt vor, allerdings nur in Verbindung mit den Verben:
commencer par faire qch. mit etw. anfangen, anfänglich etw. tun
finir par faire qch. mit etw. schließen, schließlich etw. tun

d) Die Präposition *à* in besonderer Verwendung:
à l'en croire wenn man ihm glauben will
à le voir wenn man ihn sieht (würde man meinen, daß...)
à vrai dire um die Wahrheit zu sagen
à savoir nämlich

Grundsätzlich ist festzustellen, daß das Frz. dem *que*-Satz (daß-Satz) einen Infinitiv vorzieht, d. h. man sagt statt: „Je regrette que je n'aie pas (Kj.) pu venir" lieber: „Je regrette de ne pas avoir pu venir". Voraussetzung dafür ist allerdings, daß das Subjekt des daß-Satzes das gleiche ist wie das des Hauptsatzes, vgl.: „Je suis content de vous voir" und: „Je suis content qu'il soit venu."

e) Der Infinitiv findet sich auch an Stelle von indirekten Fragen und Relativsätzen:
Il y a vraiment de quoi rire etwas, worüber man wirklich lachen kann.
Diese Infinitive kommen vor in Verbindung mit *comment, que, de quoi, par où* = womit, wo.

f) Gebrauch des Infinitivs ohne Präposition in direkten Fragen, die von einem Fragewort eingeleitet werden:
Comment le faire? Wie soll ich es machen?

(1 – 3) **Exercice de traduction**

(1) Ich kann ihn nicht sehen. Kannst du ihn sehen? Er will mich nicht sehen. Wir haben ihn nicht sehen wollen. Er mußte die Arbeit tun (sie tun). Er muß die Lektion (sie) lernen. Siehst du sie (die Freundin) kommen? Ich sehe sie nicht kommen. Ich fühle es nahen. Er ließ mich warten. Hat er dich kommen hören? Wir werden ihn kommen sehen. Ich werde ihn kommen lassen. Werdet ihr ihn kommen lassen? Er hat sie (die Arbeit) allein tun müssen. Hat er dich sehen können? Er wird es machen müssen. Hat er uns kommen hören? Laß ihn kommen! Laß ihn nicht eintreten! Kannst du es ihm sagen? Ich werde es ihm schreiben müssen. Er will sie (die Bücher) uns schicken. Ich werde es euch schicken können, müssen. Haben

Sie sie (die Zeitung) lesen können? Ich vermag es ihnen nicht zu sagen.

(2) Sie ging in den Garten, um Blumen zu pflücken. Sie fuhr nach England, um Englisch zu lernen. Sie ist in Frankreich, um die französische Sprache zu studieren. Er setzte sich an den Schreibtisch, um einen Brief zu schreiben. Er ist zu stolz, um sein Unrecht *(le tort)* einzugestehen *(avouer)*. Ohne ein Wort zu sagen, verließ er das Haus. Ohne mich gefragt zu haben, hatte sie den Ring *(la bague)* gekauft. Anstatt zu arbeiten, ging er ins Kino. Anstatt mich zu fragen, handelte er auf eigene Faust *(faire qch. de son propre chef)*. Anstatt zu schlafen, las er im Bett. Ich werde abends bald zu Bett gehen, so daß ich am Morgen frisch bin. Sprechen Sie das Wort deutlich aus, so daß man Sie versteht (so daß Sie verstanden werden). Er sprach laut, so daß er von allen gehört wurde. Er antwortete, nachdem er einen Augenblick überlegt hatte. Nachdem er mich gefragt hatte, beschloß er, meinen Rat zu befolgen. Nachdem er in Paris angekommen war, begab er sich ins Hotel (Inf.Perf. von *arriver)*. Nachdem sie in Paris angekommen waren, begaben sie sich ins Hotel (Veränderlichkeit d. Partizips!). Nachdem sie sich an die Arbeit gewöhnt hatte (*s'accoutumer à*), ging sie gern ins Büro (Inf.Perf. d. reflexiven Verben). Nachdem sie sich an die Arbeit gemacht hatte, fand sie, daß sie leichter war, als sie (sie nicht) vermutet hatte. Er überlegte, bevor er sprach. Er klopfte an die Tür, bevor er eintrat. Bevor er kam, rief er mich an. Ein Mensch kann so nicht urteilen, es sei denn, daß er ein Narr ist (er sei denn ein Narr). Anfangs lachte sie, schließlich weinte sie. Fangen wir mit dem Lesen an, dann werden wir Fragen stellen. Wenn man ihm glauben will, so irrt er sich nie. Wenn man ihn sieht, möchte man ihn für einen Verbrecher halten (Kondit. I von *prendre pour un criminel)*. Um die Wahrheit zu sagen (offen gestanden), ich habe das Buch nicht gelesen.

(3) Er wußte nicht, wie er antworten sollte. Er wußte nicht, was er antworten sollte. Es gibt nicht(s), wofür Sie mir zu danken hätten. Geben Sie mir (etwas), womit ich schreiben kann. Ich weiß nicht, womit ich anfangen soll. Wie soll ich es tun (machen)? Was soll ich sagen? Wo soll ich anfangen? Wofür soll ich ihm danken?

Redewendungen

observer qn. dans son travail jem. bei der Arbeit beobachten

en même temps gleichzeitig

en ce sens que in dem Sinne, daß

rester assis à une place an e. Platz sitzen bleiben
il y a vraiment de quoi rire darüber kann man wirklich lachen
se trouver à table bei Tisch sitzen
ne pas avoir une idée keine Vorstellung haben
en conséquence dementsprechend
l'eau me vient à la bouche d. Wasser läuft mir im Munde zusammen
à tel point que in e. solchen Maße, daß
augmenter son expérience s. Erfahrung erweitern
faire l'objet de qch. d. Gegenstand von etw. bilden
s'y reconnaître dans qch. s. in etw. auskennen
faire un apprentissage e. Lehre durchmachen
se convaincre de qch. s. von etw. überzeugen
calmer sa faim par qch. s. Hunger mit etw. stillen

(4) Zur Wiederholung

Bilden Sie die 1. Ps. Sgl. und Pl. von den folgenden Verben: partir, finir, obéir, sortir, saisir, franchir, sentir, dormir, haïr (hassen), ouvrir, servir, cueillir (pflücken), réussir, se repentir (bereuen), remplir, agir, affranchir, découvrir, offrir, consentir, s'endormir, desservir (abdecken), pressentir (ahnen), répartir (verteilen; mit Stammerweiterung), repartir (wieder abreisen), couvrir, souffrir, recouvrer (sa santé; wiedererlangen), recouvrir (wieder bedecken)

Et celle-là, vous la connaissez?

A Paris, une chambre où dort M. Lebrun. Le téléphone sonne.
– Vous êtes bien le 5 48 61 68?
– Non, monsieur.
Lebrun se recouche et s'endort profondément. Nouvelle sonnerie.
– Vous êtes bien le 5 48 61 68?
– Non, monsieur.
L'autre confus:
– Oh! Pardon ... Je m'excuse de vous avoir réveillé.
Mais Lebrun, très aimable:
– Cela n'a aucune importance, j'aurais été obligé de me lever de toute manière, pour répondre au téléphone.

la sonnerie Läuten, Lärm
confus, e verwirrt, verlegen
réveiller aufwecken
l'importance f. Wichtigkeit, Bedeutung
de toute manière sowieso, ohnedies

CINQUIÈME LEÇON

Les plaisirs de la table
Conversation

A. Qu'est-ce qui saute aux yeux quand on regarde un menu français?	Was springt in die Augen, wenn man ein frz. Menu anschaut (d. h. die Speisenfolge betrachtet)?
B. C'est que l'on puisse choisir un menu à la carte ou commander, plus simplement, un repas à prix fixe.	Daß man sich für ein Menü nach Wahl entscheiden oder, einfacher, eine Mahlzeit zu festem Preise bestellen kann.
Dans le premier cas, c'est le client lui-même qui compose son repas.	Im ersten Falle stellt der Gast sein Essen selbst zusammen.
A. Mais, nous avons cela en Allemagne!	Aber das haben wir auch in Deutschland!
B. Oui, mais avec une grande différence.	Ja, aber mit einem großen Unterschied.
En Allemagne, lorsqu'on commande un repas à la carte, on peut se limiter à un plat de résistance (= un plat principal).	Wenn man in D. ein Essen nach Wahl bestellt, kann man sich auf eine Hauptmahlzeit beschränken.
Si un client demande simplement „une goulache", le garçon est satisfait. Tout au plus lui demandera-t-il, s'il désire un hors-d'œuvre, un dessert, ou encore, s'il veut boire quelque chose. Un moment après, il lui apportera de la viande, des pommes de terre, du chou et de la sauce.	Wenn der Gast einfach ein Gulasch verlangt, ist der Ober zufrieden. Er wird höchstens fragen, ob er eine Vorspeise, einen Nachtisch wünscht oder ob er etwas trinken will. Einen Augenblick später wird man ihm Fleisch, Kartoffeln, Kohl und Soße bringen.
Le client mettra alors le tout dans son assiette, et il n'y aura plus qu'à lui souhaiter bon appétit!	Der Gast wird dann das Ganze auf seinen Teller tun, und es bleibt nichts weiter übrig, als ihm guten Appetit zu wünschen!
A. Et en France?	Und in Frankreich?
B. En France, un tel repas serait inconcevable. Chaque plat est servi isolément, que ce soit de la viande, des légumes, ou même des pommes de	In F. wäre ein solches Essen undenkbar. Jedes Gericht wird gesondert serviert, ganz gleich ob es sich dabei um Fleisch, Gemüse oder auch Kartoffeln

terre. Par ailleurs, en règle générale, chaque repas comprend un hors-d'œuvre et un dessert. Il est évident qu'il y a toujours du vin, et, la plupart du temps, on termine par un café.

A. Dites-moi un peu. On dit qu'en France il n'y a pas de „pommes-vapeur". De quoi se nourrit-on? Il faut bien avoir quelque chose de solide dans l'estomac, sans quoi, on a toujours faim.

B. Effectivement, les pommes-vapeur, seules, n'existent pas, mais, à la place, on trouve les merveilleuses (succulentes) pommes frites ou bien encore la purée. De plus, avec chaque mets, on mange du pain blanc dont la consommation est comprise dans le prix.

A. Pour me rassasier, il faudrait que j'en mange (avale) des tonnes!

B. C'est bien ce que font les Français. Ils n'ont pas à se gêner et peuvent en prendre autant qu'ils veulent!

A. J'en prends bonne note!

B. Par ailleurs, vous comprenez sans doute maintenant ce que signifie „manger à la carte": il faut choisir soi-même chaque mets, en d'autres termes, il faut composer son menu. Et quand vous avez fait cela, on vous apporte chaque plat, l'un après l'autre, en vous laissant bien le temps de manger.

A. Je plains les garçons. Il leur faut se déplacer six fois là où

handelt. Außerdem umfaßt im allgemeinen jede Mahlzeit eine Vorspeise und einen Nachtisch. Es versteht sich, daß es immer Wein gibt, und meistens schließt man (das Essen) mit einem Kaffee ab.

Sagen Sie mal, es heißt, daß es in Fr. keine Salz-(Dampf-) Kartoffeln gibt. Wovon ernährt man sich denn? Man muß doch etwas Solides im Magen haben, sonst hat man immer Hunger.

Tatsächlich gibt es die Salzkartoffeln allein nicht, sondern statt dessen findet man die wunderbaren (leckeren) Pommes frites oder auch das Puree. Außerdem ißt man zu jedem Gang Weißbrot, dessen Verzehr in dem Preis einbegriffen ist.

Da müßte ich, um satt zu werden, ganze Berge (Tonnen) vertilgen.

Genau das machen die Franzosen. Sie brauchen sich nicht zu genieren und können davon nehmen, soviel sie wollen.

Das will ich mir merken!

Übrigens verstehen Sie jetzt ohne Zweifel, was „nach der Karte essen" heißt: man wählt selbst jedes Gericht, mit anderen Worten, man muß sein Essen selbst zusammenstellen. Und wenn Sie das getan haben, bringt man Ihnen jedes Gericht, eines nach dem anderen, wobei man Ihnen genug Zeit zum Essen läßt.

Ich bedaure die Ober. Sie müssen sechsmal laufen, wo

un garçon allemand n'aurait qu'un seul déplacement à faire.

ein deutscher Ober nur einen einzigen Gang hätte.

B. D'accord! Mais, enfin de compte, les garçons sont là pour ça et les garçons français y sont habitués.

Stimmt! Aber letzten Endes sind die Ober dazu da, und die frz. Ober sind daran gewöhnt.

A. Et le menu à prix fixe alors?

Und wie steht's nun mit dem Essen zum festen Preis?

B. Eh bien, le chef-cuisinier (le chef) a en quelque sorte compté le repas pour le client. Il suffit que vous disiez le prix que vous voulez mettre, et on vous sert selon l'ordre indiqué sur le menu.

Nun, da hat der Küchenchef gewissermaßen die Mahlzeit für den Gast ausgedacht. Es genügt, daß Sie ihm den Preis sagen, den Sie zahlen wollen, und man bedient Sie gemäß der auf der Karte angegebenen Reihenfolge.

A. Cela paraît beaucoup plus commode.

Das erscheint viel bequemer.

B. Certainement, et surtout si vous ne vous y retrouvez pas bien dans le menu; vous évitez au moins de commander 3 ou 4 mets presque semblables. – Cependant il est fortement à conseiller de se familiariser avec le vocabulaire de la table, sinon on risquerait peut-être de manquer les choses les plus belles que la cuisine française puisse offrir.

Gewiß, und besonders wenn Sie sich in der Speisenfolge nicht auskennen; Sie vermeiden zumindest, 3 oder 4 fast gleiche Gerichte zu bestellen. – Doch ist es äußerst ratsam, sich mit dem Vokabular des Tisches vertraut zu machen, sonst läuft man Gefahr, die schönsten Dinge zu verpassen, die die frz. Küche bieten kann.

A. Il faut que vous me disiez encore deux choses. J'ai beaucoup entendu parler des hors-d'œuvre. Je voudrais savoir ce que c'est. Et je voudrais aussi que vous me parliez des vins.

Zwei Dinge müssen Sie mir noch sagen. Ich habe viel von den H.-d. erzählen hören. Ich möchte gern wissen, was das ist. Außerdem hätte ich gern, daß Sie mir von den Weinen erzählen.

B. Un hors-d'œuvre doit mettre en appétit. Il en existe deux sortes: des *consommés* (le consommé ressemble à de la soupe légère; il est liquide) ou bien des *assortiments divers* qui peuvent comporter

Ein H.-d. soll Appetit machen. Es gibt davon zwei Arten: die Consom. (Das C. ähnelt einer leichten Suppe, es ist flüssig) oder verschiedene bunte Platten, die z. B. Karotten, Kartoffeln, rote Rüben, Sardinen,

par exemple des carottes, des pommes de terre, des betteraves rouges, des sardines, des olives etc. Le mélange en est fait de telle sorte que le palais soit excité. – Mais vous vouliez savoir autre chose.

A. Oui, et les vins? Lesquels sont particulièrement à conseiller?

B. Mon Dieu! Quelle question! À l'occasion, je vous en parlerai. Mais pour aujourd'hui, cela suffit. Les vins de France! Parler des vins de France, c'est dire une prière!

Oliven usw. enthalten.

Die Mischung ist derart gewählt, daß der Gaumen gereizt wird. – Aber Sie wollten noch etw. wissen.

Ja, und die Weine? Welche sind besonders empfehlenswert?

Mein Gott! Was für eine Frage! Bei Gelegenheit werde ich Ihnen davon erzählen. Für heute genügt's. Die Weine Frankreichs! Von den Weinen Frankreichs sprechen heißt ein Gebet sprechen!

Der Text dieser Lektion hat zunächst rein informatorischen Charakter. Der Frankreichfahrer muß wissen, welche Unterschiede bei Tisch bestehen. Zudem bietet die Lektion neben der Übersetzungsmöglichkeit auch eine Fülle von Vokabeln, insbesondere von Redewendungen, die zu lernen sich lohnt, da sie im Gespräch immer wieder gebraucht werden können:

sauter aux yeux in d. Augen springen
commander un repas e. Mahlzeit, Essen bestellen
le repas à prix fixe e. Mahlzeit zu festem Preis
le repas à la carte e. Mahlzeit nach Wahl
se limiter à qch. sich auf etw. beschränken
tout au plus höchstens
la plupart du temps meistens

Grand Restaurant Leroux

Boulevard des Italiens

le menu / la carte	*Speisekarte*
Déjeuners et dîners	Déjeuners et dîners
à ... fr.	à ... fr.
Potage ou hors-d'œuvre	Potage ou hors-d'œuvre
Deux plats au choix	Deux plats au choix
Légume ou poisson	Deux légumes ou poissons
Salade ou dessert	Salade et dessert
½ bouteille de vin	½ bouteille de vin supérieur

Pain à discrétion

Service à la carte à toute heure

MENU DU JOUR

Potages

Soupe aux choux - Consommé - Bouillon et bœuf - Potage au vermicelle ou aux pâtes d'Italie

Hors-d'œuvre

Melon - Salade de concombre - Filet de hareng - Olives au beurre - Radis et beurre - Saucisson de Lyon - Sardines à l'huile - Pâté de foie - Huîtres d'Ostende

Poissons

Carpe frite - Barbue sauce câpres - Homard mayonnaise - Sardines fraîches grillées

Entrées

Navarin de mouton fermière - Bœuf sauce tomate - Bœuf à la mode - Rognons sautés au vin blanc - Côte de veau jardinière - Cervelle au beurre noir - Pigeon aux petits pois - Omelette Parmentier - Œufs sur le plat - Œufs à la coque

Rôtis

Gigot d'agneau aux haricots - Oie rôtie pommes nouvelles - Rosbif garni - Veau garni - Épaule de mouton pommes à la boulangère - Poulet truffé

Grillades

Bifteck aux pommes - Côtelette d'agneau garnie - Châteaubriand pommes frites

Légumes

Petits pois à la Française - Haricots verts sautés - Choux-fleurs sauce à l'huile - Artichaut cuit - Carottes à la Vichy - Tomates farcies - Purée de pois - Épinards

Salade

Laitue - Chicorée frisée - Romaine - Salade de tomates

Glaces et entremets

Glace au citron à l'Italienne - Parfait - Coupe de fruits au champagne - Pâtisserie: Tarte aux fraises - Baba au rhum

Desserts et Fromages

Abricots - Prunes Reine-Claude - Fraises des bois - Framboises au sucre - Amandes vertes - Mendiants - Compote de pêches - Confiture de cerises - Brie - Camembert - Gruyère - Fromages - Roquefort - Gervais

Vocabulaire

le choix Wahl
au choix nach Wahl
supérieur hervorragend, vorzüglich
à discrétion = *à volonté* nach Belieben
le chou Kohl
le consommé Kraftbrühe
le bouillon klare Brühe
le vermicelle Fadennudel
les pâtes (f. Pl.) d'Italie Teigwaren
le pâté Pastete
la barbue Steinbutt
la câpre Kaper
le navarin Hammelragout mit Rüben und Kartoffeln
sauté in Butter geschmort
le rognon Niere
la jardinière Gericht m. verschied. Gemüsen
la cervelle Hirn
au beurre noir in Butter geschmort und mit Essig begossen
omelette Parmentier = *aux pommes de terre*
les œufs sur le plat m. Pl. Spiegeleier
les œufs à la coque m. Pl. gekochte Eier
le gigot d'agneau Lammkeule
les haricots m. Pl. Bohnen
l'oie rôtie Gänsebraten
pommes = *pommes de terre*
garni mit Beilage
truffé getrüffelt
l'épaule de mouton f. Hammelschulter
à la boulangère im Ofen gebacken
le châteaubriand auf d. Rost gebrat. Rinderfilet
les petits pois m. Pl. junge Erbsen
à la Française in Wasser gekocht mit Zwiebeln und Petersilie, dann gezuckert und mit Butter bestrichen
farci, e gefüllt
les épinards m. Pl. Spinat
la laitue Kopfsalat
la chicorée frisée Art Endiviensalat
Romaine römischer Salat
la glace Eis
le parfait Eis von besonderer Form
la coupe Schale, Becher
la pâtisserie Gebäck
la tarte Torte
la fraise Erdbeere
le baba Rosinenkuchen
les fraises des bois Walderdbeeren
l'amande f. Mandel
les mendiants m. Pl. Studentenfutter
la pêche Pfirsich
la gaufrette Waffel
fourré, e gefüllt

Grammaire

I. Das Adverb. Vgl.:

Madame Dupont s'est intéressée tout particulièrement à la haute couture. Je vous conseillerais vivement de consacrer quelques heures à cette expérience. Paris n'est pas seulement la ville-lumière. Observez attentivement les gens! Paris n'est pas uniquement la ville-lumière. Les pères poussent consciencieusement les voitures d'enfants. Tout le monde se conduit naturellement. On y reste rarement moins d'une heure. Celui qui veut vraiment calmer sa faim par une nourriture abondante la trouvera dans un restaurant plus simple. C'est que l'on puisse commander, plus simplement, un repas à prix fixe. Chaque plat est servi isolément.

Die Grundregel über die Bildung des Adverbs besagt, daß die Silbe *-ment* an die weibliche Form des Adjektivs angehängt wird: lent, lente – lentement. Daneben bestehen verschiedene Abweichungen: *vraiment, absolument, isolément, profondément, mal, bien, peu, plus.*

1) Bei Adjektiven auf betonten Vokal entfällt das stumme weibliche *-e:*

vraiment, poliment, absolument

Anm. Zu *gentil, le* heißt das Adverb *gentiment*

In einigen Fällen bleibt das *-e* erhalten, oder sein Ausfall wird durch *accent circonflexe* vermerkt:

gai, gaie – gaiement od. *gaîment* heiter, froh
assidu, e – assidûment fleißig
dû, due – dûment gebührend

2) Die meisten Adjektive auf *-ant* oder *-ent* bilden die Adverbform auf *-amment* bzw. *-emment:*

ardent, e – ardemment eifrig, glühend
étonnant, e – étonnamment erstaunlich
constant, e – constamment beständig
prudent, e – prudemment vorsichtig, klug
négligent, e – négligemment nachlässig

Aber: *lent, e – lentement* (s. o.) und *présent, e – présentement*

3) Von Partizipien auf *-é* abgeleitete Adverbien bilden:

assuré, e – assurément bestimmt, ganz sicher
aveuglé, e – aveuglément blindlings
décidé, e – décidément entschieden, sicher

Anm. Zu *impuni* straflos heißt das Adverb *impunément*

4) *-ément* haben außerdem:

commodément bequem
communément gemeinsam
conformément entsprechend
confusément verworren
énormément ungeheuer
expressément ausdrücklich
obscurément dunkel
obstinément eigensinnig
précisément genau
profondément tief

5) Die Steigerung der Adverbien erfolgt durch *plus, le plus* oder *moins, le moins.*

6) Unregelmäßige Adverbien mit unregelmäßiger Steigerung sind:

bien gut
mieux besser
le mieux am besten
mal schlimm
pis schlimmer
le pis am schlimmsten

peu wenig
moins weniger
le moins am wenigsten
beaucoup viel
plus mehr
le plus am meisten

II. Die Inversion. Vgl.:

Aussi se sert-il; aussi est-il possible (Lektion 4)
Tout au plus lui demandera-t-il (Lektion 5)

Bei den Beispielen aus Lektion 4 handelt es sich um die Verwendung von *aussi* am Satzanfang in der Bedeutung „daher". Das Auffällige dabei ist, daß danach die sog. Inversion steht, d. h. das Personalpronomen steht hinter dem Verb. Ist das Subjekt ein Substantiv, so wird es durch das entspr. Pers.Pr. wiederholt, also: *Aussi le client se sert-il.*

Die Inversion *muß* stehen bei:

toujours immerhin
peut-être vielleicht

encore außerdem, überdies, immerhin
tout au plus höchstens

Sie steht meist nach:

à peine kaum
aussi daher

du moins wenigstens
en vain vergeblich

Sie steht manchmal auch nach:

sans doute ohne Zweifel
rarement selten
surtout besonders

probablement wahrscheinlich
ainsi so, auf diese Weise

(1 – 2) **Exercice de traduction**

(1) Er arbeitet eifrig, erstaunlich, beständig, vorsichtig, nachlässig, fleißig. Er handelt blindlings. Er lernt schlecht, gut, wenig, viel, mehr als du, am meisten. Er redet verworren. Sie spielen gemeinsam. Das berührt mich tief. Ich werde entsprechend handeln. Liegen Sie bequem *(être couché)*? Ich werde ihm gebührend antworten. Es geht ihm gut. Es geht uns schlecht. Es geht ihnen besser als uns. Er wird geduldig warten. Wahrhaftig, das ist eine gute Antwort. Er antwortet stets höflich. Er spricht nachlässig. Die Schüler machen ihre Arbeiten sorg-

fältig *(soigneux, se)*. Der Lehrer wird die Schüler streng bestrafen *(sévère)*. Er hörte geduldig zu *(patient, e)*. Sie kleidet sich immer elegant. Er handelte grausam *(cruel, le)*. Sie spricht schlecht von dir. Er versteht absolut nichts. Er hat entschieden unrecht. Sie handelt niemals eigensinnig. Er arbeitet ungeheuer. Er schreibt besser, schlechter als du. Er arbeitet mehr als du, weniger als du. Er arbeitet am meisten, am wenigsten. Er hofft brennend, daß morgen schönes Wetter ist. Man fährt nicht ungestraft mit einer solchen Geschwindigkeit *(vitesse)*. Sie benimmt sich artig. Glücklicherweise ist er gekommen. Unglücklicherweise hat er sein ganzes Geld verloren. Er ist außergewöhnlich *(extraordinaire, extrême)* fleißig. Er sagte ernst *(grave)*: „Du mußt fleißiger arbeiten." Er ging langsamer als ich. Karl lief am schnellsten. Herr Dupont liest viel, Frau D. liest nicht soviel wie ihr Mann. Peter arbeitet ebenso fleißig wie Monika. Sie lernt weniger sorgfältig als er. Sie spielt weniger sorgfältig Klavier.

(2) Toujours est-il que nous connaissons la vérité. (Immerhin kennen wir ...) Encore l'a-t-il dit. Peut-être est-il venu, oder: Peut-être qu'il est venu. À peine sont-ils couchés (au lit) que le téléphone les appelle. En vain l'élève assura-t-il son innocence. Du moins l'a-t-il dit. Sans doute ne sait-il pas ce qu'il dit. Probablement ne l'a-t-il pas cru lui-même. Ainsi se parlait-il à lui-même.

(3) **Wiederholung**

Bilden Sie die 1. Ps. Sgl., die 1. und 3. Ps. Pl. Prs. und die 1. Ps. Sgl. Fut. der folgenden Verben (Muster: je jette, nous jetons, ils jettent, je jetterai. – Vgl. 30 T., S. 38 bzw. S. 159):

acheter; peser (wiegen, abwägen); appeler; épeler (buchstabieren); atteler (anspannen); amener; celer (verheimlichen); lever; se rappeler; espérer; régner; céder (weichen, nachgeben); répéter; posséder; employer; nettoyer; s'ennuyer (sich langweilen); s'essuyer (sich abtrocknen); payer

Et celle-là, vous la connaissez?

Un coq arpente impatiemment le salon d'attente d'une clinique d'accouchement, cigarette au bec, moignons d'ailes croisés sur le dos, à la Napoléon. Le sol est jonché de mégots. La porte s'ouvre et paraît une poule infirmière. Elle se penche et dit mystérieusement:
– C'est un œuf.

le coq Hahn
arpenter mit gr. Schritten durchmessen
le salon d'attente Wartezimmer
l'accouchement m. Niederkunft
le bec Schnabel
l'aile f. Flügel
le moignon Stummel, Stumpf
croiser kreuzen
le sol m. Fußboden
jonché bestreut, übersät
le mégot m. Kippe
l'infirmière Krankenschwester
la poule Huhn

SIXIÈME LEÇON

Les Vins de France

Les vins, et particulièrement les vins fins, représentent pour la France une richesse inestimable. Sur 34 millions d'Ha. cultivés, la France métropolitaine consacre à la vigne 1 million $^1/_2$ d'Ha. Certaines années, la production des vins a atteint une moyenne de 58 663 824 Hl, non compris les 30 000 Ha destinés à la production des raisins de table qui ont fourni, en outre, 1 358 280 quintaux de raisins. Ces chiffres font ressortir l'importance des conditions météorologiques (grêle, gelée). De plus, le vigneron doit consacrer une certaine partie de son temps et de son argent à la lutte contre les maladies cryptogamiques qui risquent, si elles ne sont pas combattues, de ruiner très vite une récolte. C'est une lutte sans merci que le vigneron doit mener à grands frais et avec acharnement. La valeur que représente le vin en France, est mise en relief par le fait que la vigne occupe une place importante dans une quarantaine de départements, c'est-à-dire la moitié de la France! C'est pourquoi il est impossible de donner en quelques lignes une idée de la production viticole française. Il nous faudrait beaucoup de place et de temps pour cette tâche difficile. Contentons-nous d'un aperçu très incomplet sur les vins de France.

Bordeaux:

Citons avant tout les vins de *Bordeaux*. La région bordelaise offre une gamme incomparable de vins rouges et de vins blancs. „On les aime davantage à mesure que l'on avance en âge." Ce sont de ces vins sublimes dont le roi Édouard VII disait: „On ne les boit pas seulement, on les regarde, on en respire le bouquet, on les déguste et on en parle." Étudiez la carte, et vous y trouverez les noms de tous les grands vins connus depuis des siècles dans le monde entier, noms qu'en termes juridiques nous appelons des *appellations d'origine*. Les vins – et eaux-de-vie – à Appellation d'Origine Contrôlée offrent ainsi au consommateur la certitude de trouver sous les étiquettes de présentation des produits d'origine et de qualité certaines. Si par hasard une substitution se produisait, le fraudeur ne tarderait guère à se trouver puni. Retenez encore ceci: le mot „Château" devant un nom de vin (par. ex.: Château-Lafite, Château-Margaux) signifie que le vin était mis en bouteille sur place; ce sont toujours les grands crus les plus fameux.

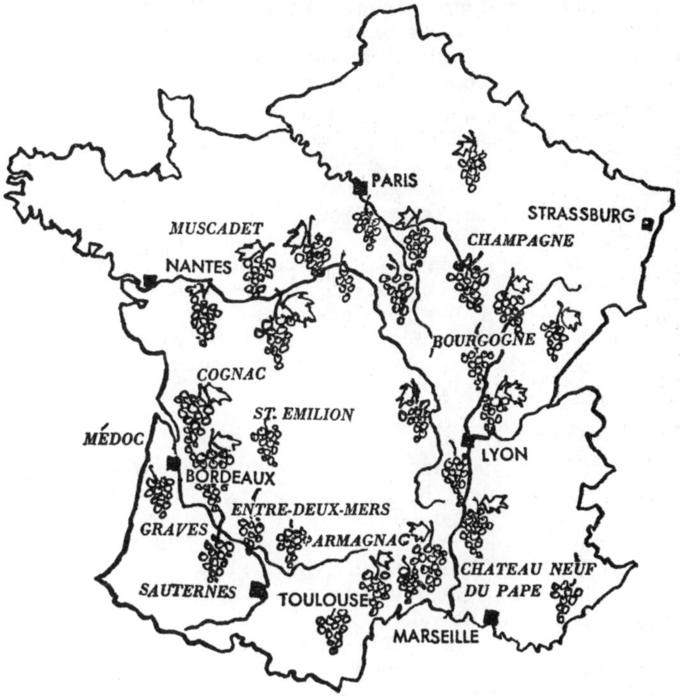

Bourgogne:

La Bourgogne viticole s'étend sur les départements d'Yonne, de la Côte-d'Or, de la Saône-et-Loire et du Rhône. Cette vaste région, extrêmement variée, imprime à chacun de ses vins des qualités très différentes.

1) *L'Yonne* produit surtout des vins blancs, dont le plus renommé, le Chablis, est universellement connu. C'est un vin léger extrêmement sec, au bouquet très subtil. Il est caractérisé par sa couleur jaune aux reflets légèrement verts.

2) *La Côte-d'Or* qui s'étend de Dijon jusqu'à Santenay comprend les régions viticoles de *la Côte de Nuits* et de *la Côte de Beaune*. La célébrité de ces vins rend tout commentaire superflu. Étudiez un peu la carte et vous constaterez que c'est la zone des grands crus.

3) *En Saône-et-Loire* on trouve autour de *Mâcon* d'excellents vins rouges et blancs. Les vins rouges de Givry et de Mercurey, les vins blancs de Rully et de Montagny, situés dans le nord du département, rappellent les vins de la Côte-d'Or.

4) *Rhône:* À quelque distance plus au sud commence la zone granitique du *Beaujolais* dont les crus sont légions. Ces vins rouges sont si fruités, si agréables à boire et si désaltérants que les Lyonnais les consomment en grande quantité. Ainsi se justifie cette boutade selon laquelle Lyon est arrosé par trois fleuves: le Rhône, la Saône et le Beaujolais. Voilà la Bourgogne! Reprenons haleine en disant, avec Erasme: „O heureuse Bourgogne, tu mérites bien d'être appelée la mère des hommes parce que tes mamelles contiennent un si bon lait."

Et pour terminer n'oubliez pas que la cuisine bourguignonne connaît cent quarante plats régionaux – comme il sied à ce grand „pays de Gueule".

La Champagne:

La renommée des vins de Champagne est universelle: partout ils représentent la grâce, la légèrete et la finesse de l'esprit français, ils symbolisent la joie et l'allégresse. – Parmi les premiers grands crus de la Montagne de Reims il convient de citer Verzenay, Verzy, Mailly, Sillery, Louvois, Beaumont. – Le vin de Champagne, d'une jolie couleur d'or vert, provient de la vinification de raisins noirs, du moins pour la grande majorité; toutefois sur la Côte des Blancs, se cultive exclusivement le Chardonney, cépage blanc.

Les raisins noirs donnent un vin plus charnu, les raisins blancs, un vin plus fin. Les vins des grandes maisons de Champagne sont toujours obtenus par le mélange des crus, assemblés harmonieusement afin de réunir, avec art, leurs diverses et précieuses qualités. – Le Champagne doit être bu très frais, les bouteilles rafraîchies dans un seau à glace sans que jamais celle-ci ne soit mise dans le verre.

Les eaux-de-vie:

Le Cognac et l'Armagnac sont deux frères dotés chacun de leurs caractères propres et de leurs qualités personnelles. La région, qui produit le Cognac et au centre de laquelle se trouve la ville de Cognac, comprend les départements de la Charente et de la Charente Maritime, tandis que les départements du Gers, des Landes et du Lot-et-Garonne produisent l'Armagnac. Le Cognac est produit en terrain calcaire, et l'Armagnac en terrain silico-argileux, mais il ne faut pas oublier que le procédé par lequel les deux eaux-de-vie sont distillées est différent l'un de l'autre. Notons qu'une eau-de-vie doit être consommée pour ainsi dire goutte à goutte afin que son bouquet fin et nuancé puisse merveilleusement s'épanouir dans tout le palais.

Vocabulaire

les vins fins Qualitätsweine
inestimable unschätzbar
l'hectare m. (Ha) Hektar
la métropole Mutterland, Hauptstadt
métropolitain, e hauptstädtisch, kernstaatlich
consacrer weihen, widmen
la vigne Rebe, Weinstock
atteindre erreichen
atteint, e erreicht
la moyenne Durchschnitt
compris einbegriffen
destiner bestimmen
le raisin Weintraube
fournir liefern
le quintal m., -aux (Qx) Zentner
ressortir hervortreten
faire ressortir hervortreten lassen, zur Geltung bringen
la grêle Hagel
la gelée Frost
la lutte Kampf
la maladie cryptogamique Pilzkrankheit
combattre bekämpfen
la récolte Ernte
sans merci ohne Gnade, erbarmungslos
mener führen
les frais m. Pl. Kosten
l'acharnement m. Erbitterung, Zähigkeit
le vigneron Winzer
la valeur Wert
mettre en relief veranschaulichen, klar herausstellen
occuper in Besitz nehmen, einnehmen
la moitié Hälfte
viticole (Adj.) Weinbau-
la production viticole Weinertrag
la tâche Aufgabe
se contenter de qch. sich mit etwas zufriedengeben
l'aperçu m. Überblick
incomplet, ète unvollständig

citer zitieren
bordelais, -laise Adjektiv zu Bordeaux
la gamme Tonleiter, Skala
incomparable unvergleichlich
à mesure que je mehr
avancer vorangehen, -schreiten
sublime erhaben, herrlich
respirer einatmen
le bouquet Strauß; Blume, Bukett
déguster probieren, kosten, genießen
le terme juridique Rechtsbezeichnung
l'appellation d'origine f. Herkunftsbezeichnung
l'eau-de-vie f. Schnaps, Branntwein
le consommateur Verbraucher
la certitude Gewißheit
l'étiquette f. Zettel, Schild, Auszeichnung

la présentation Aufmachung, Ausstattung
le produit d'origine Erzeugnis der angegebenen Herkunft
la substitution Ersatz, Unterschiebung, Austausch
se produire (hier:) sich ereignen
le fraudeur Betrüger

s'étendre sich ausdehnen
vaste weitläufig, geräumig
varié, e verschiedenartig
imprimer drucken, den Stempel aufdrücken
différent, e verschieden
renommé, e berühmt, bekannt
sec, sèche trocken
subtil, e durchdringend, scharf; (hier:) feine Nase

autour de um ... herum
rappeler qch. à qn. jem. an etw. erinnern
la distance Entfernung
granitique Granit-
la légion f. Legion
fruité, e fruchtig
désaltérant, e durstlöschend
consommer verzehren, genießen
la quantité Menge
se justifier sich rechtfertigen
la boutade f. Scherz, Witzwort
selon gemäß
le fleuve Fluß, Strom

la renommée Renommee, Ruf
la grâce Anmut, Grazie
la légèreté Leichtigkeit, Anmut
la finesse Feinheit, Eleganz

tarder zögern, säumen
ne pas tarder à faire qch. bald etw. tun
ne ... guère kaum
le château Schloß
sur place an Ort und Stelle
le cru Gewächs, Sorte
le grand cru edler Wein
fameux, se berühmt

le reflet Widerschein, Glanz, Schimmer
léger, ère leicht
comprendre umfassen
la célébrité Berühmtheit
superflu, e überflüssig
rendre superflu überflüssig machen
le commentaire Kommentar
la zone die Zone, Bereich, Gegend

arroser bewässern, durchfließen
l'haleine f. Atem, Puste, Hauch
reprendre haleine Luft holen
mériter verdienen
la mamelle Brust, Zitze
contenir enthalten
terminer enden, beenden
bourguignon, ne burgundisch
régional, -aux regional, Heimat-;
il sied (Inf. *seoir*) es schickt sich
la gueule Maul, Schnauze, Vielfraß

symboliser versinnbildlichen
l'allégresse f. Freude, Jubel
il convient es ist angebracht
provenir herkommen, -stammen

la vinification Weinbereitung
toutefois jedoch
exclusif,ve ausschließlich
le cépage Rebenart
charnu, e fleischig; (hier:) Körper
obtenir erhalten, erlangen
assembler zusammenfügen, verbinden

frais, fraîche frisch
rafraîchir (gut) kühlen
le seau à glace Sektkühler
sans que ohne daß (mit Konjunktiv)
jamais jemals
mis, e Partiz. Perf. v. *mettre*
le verre Glas
le palais Gaumen

doter aussteuern, ausstatten
Le Gers (jèr) Name eines Departements
silico-argileux kiesel- und lehmhaltig
le procédé Verfahren, Vorgehen

distiller (ihle:h) brennen
notons man merke sich
pour ainsi dire sozusagen, gleichsam
la goutte Tropfen
s'épanouir aufblühen, s. entfalten

Grammaire

I. Adjektiv statt Adverb. Vgl.:

Parlez haut! Sprechen Sie laut! Parlez plus bas! Sprechen Sie leiser! Cela sent bon. Das riecht gut. Elle regarde droit devant elle. Sie schaut gerade vor sich hin.

Regel: Bei einer Reihe von Verben steht in festen Verbindungen statt des Adverbs das Adjektiv, das hierbei die adverbiale Funktion übernimmt. Solche feststehenden Verbindungen sind:

acheter, coûter cher teuer kaufen, sein
payer, vendre cher teuer bezahlen, verkaufen,
chanter, sonner faux falsch singen, klingen
chanter, sonner juste richtig singen, klingen
deviner juste richtig raten
s'arrêter court plötzlich stehenbleiben
rester, demeurer court steckenbleiben
gagner gros viel verdienen
peser lourd schwer wiegen
croire ferme fest glauben
parler haut, bas, clair laut, leise, deutlich sprechen
penser juste richtig denken
refuser net glatt abschlagen
sentir bon, mauvais gut, schlecht riechen
tenir bon, ferme standhalten

travailler dur, ferme tüchtig arbeiten
voir clair (double) klar (doppelt) sehen
voler haut, bas hoch (tief) fliegen.

Anmerkung: billig kaufen, verkaufen heißt
acheter, vendre à bon marché

II. Verb statt Adverb. Vgl.:

Il ne tardera pas à se trouver puni. Er wird sich *bald* bestraft finden.

Wie das obige Beispiel zeigt, übernehmen auch Verben gelegentlich die Funktion von Adverbien. Solche Verben sind:

achever de faire qch. etw. vollends (= zu Ende) tun
aimer à faire qch. etw. gern tun
aimer mieux faire qch. etw. lieber tun
avoir beau faire qch. etw. vergeblich tun
cesser de faire qch. etw. nicht mehr tun
ne pas cesser de faire qch. etw. immer wieder tun
commencer par faire qch. anfangs etw. tun
continuer à faire qch. weiter etw. tun
finir par faire qch. schließlich etw. tun
faillir faire qch. beinahe etw. tun
manquer de faire qch. beinahe etw. tun (verfehlen, etw. zu tun)
ne pas tarder à faire qch. bald etw. tun
venir de faire qch. soeben etw. getan haben
j'espère que hoffentlich
on sait que bekanntlich
on suppose que vermutlich

III. Das Adverb „sehr". Vgl.:

Das Buch gefällt mir sehr (beim Verb)
Sie ist sehr schön (beim Adj.)
Sie spielt sehr schön Klavier (beim Adverb)

Für die Übersetzung stehen zur Verfügung:
beaucoup, très, bien, fort

a)	beaucoup	fort	bien		beim Verbum
b)	–	fort	bien	très	beim Adjektiv
c)	–	fort	bien	très	beim Adverb

Anm. Vor Komparativen, ob als Adj. oder Adv. gebraucht, stehen beaucoup und bien in der Bedeutung von „viel":

Il travaille beaucoup (bien) plus vite que toi. Elle est bien (beaucoup) plus jolie.

(1–3) Exercice de traduction

(1) „Meine Liebe", sagte der Ehemann, „dieser Hut ist sehr teuer." – „Wieso?" fragte seine Frau. „Ich habe ihn doch billig gekauft." – „Dafür wirst du teuer bezahlen müssen", erwiderte er. – „Sprich nicht so laut", unterbrach ihn seine Frau. – „Ich kann so laut oder so leise sprechen, wie ich will", donnerte der Hausherr. „Ich bin kein Großverdiener, ich muß für mein Geld schwer arbeiten." – Am nächsten Tag brachte der Mann seiner Frau herrliche rote Rosen. „Wie schön sie duften!" rief sie aus. „Im übrigen habe ich richtig geraten." – „Was hast du richtig geraten?" – „Ich wußte", sagte sie, „daß du mir meine Bitte nicht glatt abschlagen würdest." – „In dieser Sache sehe ich nicht ganz klar", entgegnete er, „offenbar kann ich nicht richtig denken." – „Ich weiß nicht, was (da) falsch klingt. Jedenfalls glaube ich fest, daß du der beste Mann von der Welt bist." – „Danke sehr, diesmal hast du richtig geraten", sagte er.

(2) Ich habe den Roman ausgelesen. Er bestärkt (*convaincre*) mich vollends darin. Er wäre beinahe gefallen (er hat verfehlt zu f.). Er wird dich bald besuchen. Er wird dir bald schreiben. Er ist soeben abgereist. Wir haben ihn soeben gesehen. Danke, ich habe soeben gegessen. Er hat mich soeben gefragt, ob ich nicht mit ihm nach Frankreich fahren wolle. Hoffentlich hält er sein Versprechen. Hoffentlich hast du nicht zuviel gesagt. Hoffentlich irrst du dich auch nicht. Er wird, ob er will oder nicht, immer wieder rückfällig werden (*récidiver*). Ich bleibe lieber zu Hause und arbeite weiter. Anfangs rauchte er, schließlich hustete (*tousser*) er. Er sucht seinen Ring vergebens, er wird ihn nicht wiederfinden. Bekanntlich exportiert Frankreich viel Wein. Vermutlich hat er alles mitgenommen. Herr Lebrun ist soeben weggegangen, aber er wird bald wiederkommen. Die Schüler machen ihre Aufgaben nicht gern. Der Alkoholabusus (*l'abus de*) hat seine Gesundheit vollends zugrunde gerichtet (*ruiner*). Du schreibst vergeblich, er wird dir nicht antworten. Bekanntlich ist Corneille in Rouen geboren. Er wäre beinahe von einem Auto überfahren worden (*se faire écraser*).

(3) Das Buch gefällt mir sehr. Sein Benehmen (*le comportement*) mißfällt mir sehr. Dieses Buch interessiert mich sehr. Wir (*on*) haben uns sehr amüsiert, er hat sich sehr gelangweilt (*ennuyer*). Sie hat sehr geweint. Er arbeitet sehr (viel). Sie ist sehr hübsch. Ich freue mich sehr, Sie zu sehen. Es ist sehr wichtig zu wissen, daß er nicht immer die Wahrheit sagt. Sie spielt sehr gut Klavier. Der Greis ging sehr langsam. Der

junge Mann lief sehr schnell. Sie ist viel intelligenter als er. Der eine arbeitet viel schneller als der andere. Er schreibt viel lesbarer als du. Er lernt Französisch viel besser als sie. Das Auto fuhr viel langsamer als der Zug. Er arbeitet viel mehr als Sie. Er arbeitet weniger gut als du. Sie ist weniger intelligent als er. Sie sind weniger fleißig als wir.

(4) **Wiederholung**

Bilden Sie die weiblichen Formen zu den Adjektiven:

grand, petit, neuf, bleu, allemand, français, anglais, russe, cruel, mortel, pareil, moyen, chrétien, bon, mignon (niedlich), net, coquet, idiot, bigot, vil, civil, gris, confus, concis, divin, certain, brun, léger, entier, vif, actif, public, turc, un, intérieur, meilleur, supérieur, menteur (lügnerisch), trompeur, rieur, moqueur, destructeur, consolateur (tröstend), moteur (antreibend), long, aigu, favori, beau, nouveau, fou, vieux, voisin, fin, naturel, doux, sec, frais, ancien, rouge

Et celle-là, vous la connaissez?

La scène se passe au cinéma. Un monsieur découvre que sa voisine est accompagnée par un ours, un vrai ours apprivoisé. A l'entracte, l'animal s'absente quelques instants et le spectateur se penche:

– Excusez-moi, Madame. C'est bien un ours qui vous accompagne?
– Mais oui, naturellement, Monsieur.
– Et le film l'intéresse?
– Il ne m'a pas encore donné son impression. Tout ce que je peux vous dire, c'est qu'il avait beaucoup aimé le roman.

le (la) voisin(e) Nachbar(in)
accompagné de begleitet von
l'ours (s) m. Bär
apprivoiser zähmen
l'entracte m. Pause
s'absenter s. (kurz) entfernen
se pencher sich vorneigen

SEPTIÈME LEÇON

Le gourmet et le vin

A: Dites, monsieur, est-ce qu'on doit surtout boire en mangeant ou de préférence entre les repas?

B: Le vin peut être bu à toute heure du jour, aux repas bien entendu, et non moins opportunément en dehors des repas.

A: Est-ce qu'il est permis de grignoter quelque chose, tout en buvant du vin?

B: Mais oui, il n'est pas seulement permis, il est même recommandé de grignoter un peu de pain croustillant, un biscuit peu sucré ou salé, des noix, amandes, noisettes, voire même un morceau de fromage de saveur peu accusée: gruyère, port-salut, chevrotin. Rien ne met mieux en valeur les qualités d'un vin.

A: Et à table? Aux repas?

B: Alors c'est une autre affaire, puisque les vins accompagnent les plats.

A: Est-ce que vous pouvez me donner quelques règles générales qui doivent présider à l'accompagnement des vins?

B: Bien sûr, monsieur. Un vin léger escortera les viandes blanches (agneau et veau) grillées ou rôties, les volailles, cailles, grives, perdreaux rôtis, le jambon cru et le foie gras truffé.

A: Et qu'est-ce que demande un vin corsé?

B: Le bœuf et le mouton rôti ou grillé, le poulet et le canard en sauce, le gibier (perdrix aux choux, bécasse, lièvre, sanglier).

A: Mais il y a aussi des vins moelleux?

B: Ah oui. Ce sont les poissons en sauce (bouillabaisse, matelotte), les crustacés, les ris de veau, le jambon en sauce qui réclament un vin moelleux.

A: Et qu'est-ce qui convient aux œufs?

B: Aux œufs sous toutes formes, aux poissons grillés, au homard et à la langouste mayonnaise convient un vin sec.

A: Mais, monsieur, c'est vraiment une science qu'il faut étudier.

B: Ce que je vous ai dit, n'est pas encore tout ce qu'il faut savoir pour être nommé un gourmet. Peut-être quelques recommandations complémentaires vous seront utiles. Il y a des erreurs qu'il ne faut commettre en aucun cas.

A: Et ce seraient?

B: Par exemple: boire, juste avant le repas, un cocktail. Ce serait un signe évident de barbarie. – Les huîtres appellent un vin blanc léger et sec comme le Muscadet. Réservez le

Sauternes qui est un vin moelleux pour l'accompagnement des poissons ou crustacés. D'ailleurs aucun vin ne s'accommode du voisinage de la salade, pas plus que de celui des entremets sucrés.

A: Et quant aux fromages?

B: Le fromage doit être accompagné d'un vin de grande classe. Pour vous renseigner, sachez qu'il y a trois cents variétés de fromages qui font l'orgueil de l'industrie laitière française.

Vocabulaire

le gourmet Feinschmecker
la préférence Vorzug, Vorliebe
de préférence vorzugsweise
bien entendu wohlgemerkt
opportun, e zweckmäßig
en dehors de außerhalb
grignoter knabbern
même sogar
recommander empfehlen
croustillant, e knusprig
salé gesalzen
la noix (Wal-)Nuß
la noisette Haselnuß
voire même ja sogar
la saveur Geschmack, Würze
accusé, e betont, ausgeprägt
le gruyère Schweizerkäse
le port-salut Portsalüt (Käsesorte)
le chevrotin m. Ziegenkäse
mettre en valeur zur Geltung bringen, hervorheben
présider à qch. etw. leiten, bestimmend sein für
escorter begleiten
l'agneau m. Lamm
le veau Kalb
grillé, e gegrillt
la volaille Geflügel
la caille Wachtel
la grive Wacholderdrossel
le perdreau junges Rebhuhn
le jambon Schinken
cru, e roh, ungekocht
le foie Leber
gras, se fett
le foie gras Gänseleber
truffé getrüffelt
corsé, e kräftig, stark mit Alkohol versetzt
le bœuf Ochse, Rind
le mouton Hammel
le poulet Hühnchen
le canard Ente
le gibier Wild(bret)
la perdrix (-ri) Rebhuhn
le chou Kohl
la bécasse Schnepfe
le lièvre Hase
le sanglier Wildschwein
moelleux, se (moalöh) markhaltig, Wein: weich und voll
le poisson Fisch
la bouillabaisse Fischsuppe
la matelote f. Fischragout m. Wein und Zwiebeln
les crustacés m. Pl. Krusten-, Krebstiere
le ris (Kalbs-)Brieschen
réclamer fordern, beanspruchen
il convient es paßt
le homard Hummer
la langouste Languste
la science Wissenschaft

la recommandation Empfehlung
complémentaire ergänzend
utile nützlich
l'erreur f. Irrtum
commettre begehen
le cas Fall
le signe Zeichen
évident, e offensichtlich
l'huître f. Auster
appeler qch. rufen, verlangen nach
d'ailleurs übrigens
le voisinage Nachbarschaft
s'accommoder de sich anpassen
pas plus que nicht mehr als, ebensowenig wie
les entremets m. Pl. Süßspeise
quant à was anlangt
se renseigner sich unterrichten
sachez Imperativ zu *savoir*
savoir wissen
la variété f. Verschiedenartigkeit
l'orgueil m. Stolz
laitier, ère Milch-,

Redewendungen

de préférence vorzugsweise
à toute heure du jour zu jeder Tageszeit
grignoter un biscuit e. Keks knabbern
une saveur peu accusée milder Geschmack
mettre en valeur une qualité e. Eigenschaft zur Geltung bringen
c'est une autre affaire das ist etwas anderes
présider à qch. für etw. bestimmend sein
bien sûr ganz recht
convenir à qch. zu etw. passen
sous toutes formes in jeder Form
commettre une erreur e. Irrtum, Fehler begehen
ne + Verb *en aucun cas* auf keinen Fall
appeler qch. (nach) etw. verlangen
s'accommoder de qch. sich an etw. anpassen
l'industrie laitière Milchindustrie, -wirtschaft

Grammaire

I. Das Adverb und seine Stellung

Regel 1: Bei Verben in einfachen Zeiten stehen die Adverbien der Art und Weise *nach* dem Verbum. Orts- und Zeitadverbien stehen oft am Anfang des Satzes:

Je vous conseille vivement de consacrer quelques heures à cette expérience. Regardez attentivement les gens qui vivent ici. Les pères poussent consciencieusement les voitures. Le dimanche, le Bois de Boulogne grouille de monde. Partout on voit des groupes de curieux. Le lendemain, les Dupont partirent à huit heures.

R e g e l 2: Bei den zusammengesetzten Zeiten stehen längere Adverbien *nach* dem Partizip. Die Adverbien *beaucoup, peu, trop, tout, mal, bien* und *jamais* und die unbestimmten Zeitadverbien *souvent, rarement, quelquefois* stehen *vor* dem Partizip. Die Ortsadverbien und die bestimmten Zeitadverbien wie *aujourd'hui, hier, demain* stehen *nach*, ebenso wie *tôt* und *tard:*

Madame Dupont s'est intéressée tout particulièrement à la haute couture. Chaque plat est servi isolément.
... s'il n'avait pas déjà trop mangé du premier plat. J'ai bien (mal) compris ce qu'il a voulu dire. As-tu tout lu? Il a peu travaillé.
Les Dupont se sont levés tôt (tard). Quand êtes-vous arrivés ici?

R e g e l 3: Beim Infinitiv stellt man kurze oder häufig vorkommende Adverbien wie *bien, mal, beaucoup, peu, trop* meist *voran*. Die übrigen Adverbien stehen *nach:*

Tout le monde veut bien manger. Il sait bien parler français. On ne doit pas les observer uniquement dans leur travail. Les maladies cryptogamiques risquent de ruiner très vite une récolte.

Anmerkung: Vor allem die gesprochene Sprache weist von diesen Grundregeln verschiedene Abweichungen auf, die darin begründet liegen, daß der Sprecher, im Gegensatz zum Schreiber, die Sprache weniger logisch als gefühlsmäßig und gefühlsbetont gebraucht. Daraus erklärt sich, daß vor allem Adverbien, die sich zu einer gefühlsbetonten Steigerung eignen wie z. B. *vraiment, terriblement, immédiatement, tout de suite* sich sowohl vor dem Partizip als auch vor dem Infinitiv finden:

Cependant il est fortement à conseiller que ...
Lesquels sont particulièrement à conseiller? Celui qui veut vraiment calmer sa faim ...

II. Substantivische und verbale Umschreibungen des Adverbs

Aus verschiedenen Gründen, so z. B. wenn ein Adjektiv kein Adverb bildet – vgl. *content* – oder wenn es sich um adverbial gebrauchte Partizipien handelt, oder auch weil man die Formen auf *-ment* als zu schwerfällig empfindet, werden sog. umschriebene Formen verwendet, die substantivischer oder auch verbaler Art sein können, z. B. statt:

péniblement	avec peine
bienveillamment	avec bienveillance (Wohlwollen)

fortuitement	par hasard
craintivement	avec crainte
tristement	avec tristesse
joyeusement	avec joie
attentivement	avec attention
simplement	avec simplicité
soigneusement	avec soin
prudemment	avec prudence
facilement	sans difficulté
généralement	en général, d'une façon générale
silencieusement	en silence
paisiblement	en paix
impatiemment	avec impatience
misérablement	dans la misère
respectueusement	avec respect
secrètement	en secret

Solche substantivischen Umschreibungen finden sich vor allem in Verbindung mit Verben des Sagens:

il répondit d'un air content
il demanda d'un ton fâché
il répliqua d'un ton menaçant (drohend)
... avec assurance (zuversichtlich), avec tant de bonté (so freundlich), avec zèle (eifrig), avec empressement (eifrig), avec colère (zornig), au pied de la lettre (buchstäblich)

Sehr beliebt sind auch die Umschreibungen mit *d'une manière* + Adj. und *d'une voix* + Adj.:

il parla d'une voix faible (schwach), criarde (keifend), distincte (deutlich), mélodieuse (melodisch), douce (sanft) usw.
il répondit d'une manière succincte (kurz und bündig), d'une manière douce, polie, caressante

Die mit *en* und dem ersten Partizip gebildete Form – das Gerundium oder *gérondif* – wird oft in adverbialer Funktion verwendet:

Elle prit congé (verabschiedete sich) en pleurant (= weinend).
Elle se mit à écrire en tremblant (= zitternd).
Il répondit en riant (= lachend).

(1 – 3) Übung

(1) Zur Übung im Gebrauch der Stellung der Adverbien studiere man noch einmal die in der Übersetzung der 5. Lektion

unter 1) aufgeführten Sätze und verwandle die Verbformen ins Perfekt.

(2) Ebenso setze man, soweit möglich, die Sätze der Übersetzung in der 6. Lektion unter 3) ins Perfekt.

(3) Muster: Le vieillard avança péniblement ou avec peine. Il m'a accueilli (bienveillant). Il dit (triste). Il le rencontra (fortuit). Elle le regarda (craintif). Je l'ai salué (joyeux). Il suivait le cours (attentif). Il dit (simple): „Je ne l'ai pas fait.“ La jeune fille mit la table (soigneux). Il agira toujours (prudent). Il a attendu (impatient). Je vais le saluer (respectueux). Le clochard vit (misérable). Il dit (fâché): „Je ne te comprends pas.“ Elle répondit (poli). Il se défendit (succinct). Il voulait vivre (paisible). Il lui écrivit (secret).

Chevaliers de la table ronde

Une chanson populaire des plus connues que chaque Français sait chanter est celle des Chevaliers de la table ronde, chanson d'un rythme entraînant qui décrit les joies des buveurs de vin. Pour vous donner là l'occasion d'entonner cet air ou de le chanter avec les Français, voici le texte et la mélodie:

Chevaliers de la table ronde,
Goûtons voir si le vin est bon. bis

Goûtons voir, oui, oui, oui,
Goûtons voir, non, non, non,
Goûtons voir si le vin est bon. bis

S'il est bon, s'il est agréable,
J'en boirai jusqu'à mon plaisir. bis

Si je meurs, je veux qu'on m'enterre
Dans la cave où il y a du bon vin. bis

Les deux pieds contre la muraille
Et la tête sous le robinet. bis

Et les quatre grands ivrognes
Porteront les quatr'coins du drap. bis

Pour donner le discours d'usage
On prendra le bistrot du coin. bis

Et si le tonneau se débouche
J'en boirai jusqu'à mon loisir. bis

Et s'il en reste quelques gouttes
Ce sera pour nous rafraîchir. bis

Sur ma tombe, je veux qu'on inscrive
Ici gît le roi des buveurs. bis

Ainsi chantent les Français!

Chevaliers de la table ronde

Vocabulaire

le chevalier Ritter
goûter kosten, probieren
goûtons voir probieren wir mal
bis (s) (= da capo) noch einmal von vorn
enterrer begraben, bestatten
la cave Keller
la muraille Mauer, Wand
le robinet Hahn
l'ivrogne m. Säufer, Trunkenbold
le drap Tuch, Leichentuch
le discours d'usage die übliche Rede
le bistrot Kneipe
déboucher entkorken
se déboucher sich öffnen
le loisir Muße
jusqu'à mon loisir mit Muße
la goutte Tropfen
rafraîchir erfrischen
la tombe Grabstein, -platte
inscrire einschreiben
ici gît hier liegt, ruht
le buveur m. Trinker

Und was sagt die Académie de Médecine, deren Aufrufe an die Bevölkerung auf Tausenden und aber Tausenden von Anschlagzetteln überall in Frankreich zu lesen sind:

Santé – Sobriété

Suivez les prescriptions
de l'Académie de Médecine

1. Pas d'apéritifs, de digestifs, ni d'eaux-de-vie de manière habituelle
2. Jamais plus d'un litre de vin par jour (maximum pour un travailleur manuel)
3. En règle générale, pas de boissons alcoolisées en dehors des repas, ni surtout à jeun
4. Jamais de boissons alcoolisées pour les enfants

la santé Gesundheit
la sobriété Mäßigkeit, Nüchternheit, Mäßigung
la prescription Vorschrift, Ver-, Anordnung, Rezept
le digestif Verdauungsschnaps
le travailleur manuel Handarbeiter
habituel, le; d'une manière habituelle gewohnheitsmäßig
en règle générale in der Regel, gewöhnlich
la boisson Getränk
en dehors de außerhalb
à jeun nüchtern
jamais de niemals

HUITIÈME LEÇON

Extrait du Code de la Route

Le conducteur doit, en marche normale, maintenir son véhicule sur la partie droite de la chaussée et serrer à droite lorsqu'un usager de la route arrive en sens inverse ou s'apprête à le dépasser ainsi que dans les cas où la visibilité vers l'avant n'est pas suffisante.

Tout conducteur qui s'apprête à apporter un changement important dans l'allure ou la direction de son véhicule doit préalablement s'assurer qu'il peut le faire sans danger et avertir de son intention les autres usagers.

Il est interdit de couper les éléments de colonnes militaires, de forces de police ou de cortège en marche.

Tout conducteur est tenu de ne pas dépasser la vitesse maximum fixée par les dispositions réglementaires.

Les croisements s'effectuent à droite et les dépassements à gauche.

Lors du dépassement, le conducteur ne peut emprunter la moitié gauche de la chaussée que s'il ne gêne pas la circulation en sens inverse.

Il est interdit à tout conducteur de dépasser un train ou un tramway à l'arrêt pendant la montée ou la descente des voyageurs et du côté où elle s'effectue.

Tout conducteur s'apprêtant à quitter une route sur sa droite doit serrer le bord droit de la chaussée.

Tout conducteur s'apprêtant à quitter une route sur sa gauche doit serrer à gauche, sans toutefois dépasser l'axe de la chaussée.

Lorsque deux conducteurs abordent une intersection de routes par des routes différentes le conducteur venant par la gauche est tenu de céder le passage à l'autre conducteur.

L'usage des signaux sonores n'est autorisé que pour donner les avertissements nécessaires aux autres usagers de la route.

L'usage des trompes à sons multiples, des sirènes et des sifflets est interdit.

Entre la chute et le lever du jour, les avertissements doivent être donnés par signal optique.

Tout véhicule en stationnement doit être placé de manière à gêner le moins possible la circulation et à ne pas entraver l'accès des immeubles riverains.

Il doit notamment, lorsque la visibilité est insuffisante, ne pas être immobilisé à proximité d'une intersection de routes, du sommet d'une côte, ni dans un virage.

Les véhicules automobiles ne doivent pas émettre de fumées pouvant nuire à la sécurité de la circulation ou incommoder les autres usagers de la route.

Les véhicules automobiles ne doivent pas émettre de bruits susceptibles de causer une gêne aux usagers de la route ou aux riverains.

Tout véhicule automobile doit être muni au moins d'un miroir rétroviseur et d'un indicateur de vitesse.

Tout véhicule automobile doit être pourvu d'indicateurs de changement de direction.

Nul ne peut conduire un véhicule automobile s'il n'est porteur d'un permis établi à son nom.

Le conducteur d'un véhicule automobile est tenu de présenter à toute réquisition des agents de l'autorité compétente:

1° Son permis de conduire
2° Le récépissé de déclaration de mise en circulation du véhicule automobile.

Les trottoirs sont réservés aux piétons. Les conducteurs de véhicules et les piétons sont tenus de se conformer à cette règle.

Tout conducteur de véhicule est obligé de prendre les précautions nécessaires pour éviter les projections de boue.

le code de la route Straßenverkehrsordnung
l'extrait m. Auszug
le conducteur Fahrer
la marche Fahrt
maintenir halten, festhalten
le véhicule Fahrzeug
serrer drücken, drängen
l'usager m. Benutzer
inverse entgegengesetzt
s'apprêter s. anschicken
dépasser überholen, überschreiten
ainsi que wie auch
la visibilité Sicht
vers l'avant nach vorn
suffisant, e genügend, ausreichend
apporter (bei-, mit-) bringen verursachen
le changement Veränderung
l'allure f. Gangart
préalablement vorher, zuvor
avertir qn. de qch. jem. von etw. benachrichtigen
le danger Gefahr
interdire untersagen
couper schneiden
l'élément m. Einheit, Truppenteil
le cortège Gefolge, Zug, Umzug
être tenu angehalten sein
la vitesse maximum (-mom) Höchstgeschwindigkeit
fixer festlegen
les dispositions réglementaires f. Pl. gesetzl. Vorschriften
le croisement Ausweichen (d. Fahrzeuge)
le dépassement Überholen
s'effectuer sich vollziehen
lors de zur Zeit, während
emprunter entleihen, in Anspruch nehmen
l'arrêt m. Haltestelle
la montée Einsteigen
la descente Aussteigen
serrer le bord droit scharf rechts heranfahren
toutefois jedoch
l'axe m. Achse, Mitte
aborder anlaufen, zusteuern auf
l'intersection de routes f. Straßenkreuzung
céder le passage den Weg freigeben
le signal sonore Hupzeichen
l'avertissement m. Warnung
la trompe Horn
à sons multiples Martinshorn
la sirène Sirene
le sifflet Pfeife
la chute Fall, Ende
le lever Beginn
optique optisch, Blink-,
le véhicule en stationnement parkendes Auto
placer abstellen
de manière à so daß
entraver hindern, stören
l'accès m. Zugang (de = zu)
l'immeuble m. Grundstück
riverain, e anliegend
notamment vor allem
immobiliser stillegen
à proximité de in der Nähe von
le sommet Gipfel, Spitze
la côte Hang, Steigung
le virage Kurve
nuire schaden, beeinträchtigen

émettre ausstoßen
la sécurité Sicherheit
incommoder belästigen
susceptible empfindlich, geeignet
la gêne Bedrängnis, Not, Störung
le riverain Anlieger
être muni de ausgestattet sein mit
le miroir Spiegel
le rétroviseur Rückspiegel
l'indicateur m. Anzeiger
être pourvu de versorgt, ausgerüstet sein
l'indicateur de changement de direction Winker
nul ne keiner, niemand
le porteur Träger, Inhaber
le permis Führerschein
établi à ausgestellt auf
la réquisition Anforderung, Ersuchen
compétent, e zuständig
l'autorité f. Behörde, Amt
le récépissé Empfangs-, Annahmebescheinigung
la déclaration Erklärung, Anmeldung
la mise en circulation Inbetriebsetzung
le récépissé de déclaration de mise en circulation Zulassung
le piéton Fußgänger
se conformer sich anpassen
la précaution f. Vorsichtsmaßnahme
éviter vermeiden
la projection Projektion Spritzer
la boue Dreck

Grammaire

I. Wortbildung

In Ergänzung zu den Ausführungen der 3. Lektion geben wir hier noch einige weitere typische französische Wortzusammensetzungen, die für den praktischen Sprachgebrauch der Autofahrer von besonderer Wichtigkeit sind:

le code de la route Straßenverkehrsordnung
en marche normale bei Normalgeschwindigkeit
les colonnes militaires f. Pl. Militärkolonnen
les forces de police f. Pl. Polizeitruppen
la vitesse maximum Höchstgeschwindigkeit
les dispositions réglementaires f. Pl. Gesetzesvorschriften
la circulation en sens inverse Gegenverkehr
l'axe de la chaussée f. Straßenmitte
l'intersection de routes f. Straßenkreuzung
le coup de klaxon Hupsignal
l'avertisseur lumineux Lichthupe
l'usager de la route m. Straßenbenutzer
le clignotant Blinker
le miroir rétroviseur Rückspiegel

l'indicateur de vitesse m. Tachometer
l'indicateur de (changement de) direction Winker
le permis de conduire Führerschein
l'immatriculation Zulassung
le conducteur Fahrzeugführer
le détenteur d'un véhicule Fahrzeughalter

Im übrigen empfehlen wir Autofahrern, zur Wiederholung des einschlägigen Vokabulars aus 30 T. noch einmal die Lekt. 14 und 15 zu studieren. Sie enthalten den gesamten Wortschatz, den man gegebenenfalls benötigt.

II. Infinitiv. Vgl.:

Il doit maintenir son véhicule; il s'apprête à le dépasser; il est interdit de couper les éléments de colonnes militaires; tout conducteur est tenu de ne pas dépasser la vitesse maximum; il ne peut emprunter la moitié gauche que . . ; pour donner les avertissements nécessaires; de manière à gêner la circulation et à ne pas entraver l'accès; il doit ne pas être immobilisé; le permis de conduire; il est obligé de prendre les précautions nécessaires pour éviter les projections de boue.

Über den Gebrauch des Infinitivs (ohne und mit Präposition) vgl. Lekt. 4 (S. 35 f.) und 30 T., S. 65, 89, 118, 121 f., 180, 194.

Anmerkung: Man beachte den Unterschied bei folgenden Sätzen:

a) Il est facile d'apprendre le français.
Hier handelt es sich um den unpersönlichen Ausdruck: es ist leicht. Das eigentliche Subjekt, d. h. das, was leicht ist, wird im Inf. ausgesagt.

b) Le français est facile à apprendre.
Hier ist das Subjekt gegeben: *Französisch* ist leicht, und zwar in bezug auf das Lernen. In diesem Falle steht die Präposition *à*.

(1 – 3) **Exercice**

(1) Pour répéter ajoutez les prépositions convenables s'il y a lieu: 1) Il n'ose . . me déranger dans mon travail. 2) „Voulez-vous enfin cesser . . bavarder“, dit le professeur. 3) Elle semble . . se faire des illusions. 4) Il n'est pas prêt . . faire ce travail. 5) Je souhaite . . le voir. 6) Il s'intéresse . . lire ce livre. 7) Il m'a ordonné . . quitter la salle. 8) Il ne voulait pas . . venir.

9) Je sais .. le faire. 10) Il avoua .. avoir commis le crime. 11) Il prétend .. l'avoir vue. 12) Je préfère .. rester à la maison. 13) J'espère .. te voir bientôt. 14) Est-ce que vous aimez .. fumer? 15) Il faut .. le lui dire tout de suite. 16) Il jura .. ne pas avoir commis le crime. 17) Il paraît .. avoir trente ans. 18) On ne s'entend pas .. parler. 19) Je l'ai vue .. venir. 20) Il s'est borné .. dire „non". 21) J'ai renoncé .. le contredire. 22) Il fut condamné .. être mis en prison. 23) Il consentit .. m'accompagner. 24) Elle a réussi .. être admise. 25) Elle cherchait en vain .. se faire comprendre. 26) Il emploie son temps .. lire. 27) Je m'amuse .. apprendre le chinois. 28) Il est toujours le dernier .. venir. 29) Il a craint .. être trompé. 30) J'ai oublié .. te téléphoner. 31) Mon père m'a défendu .. fumer. 32) J'ai cessé .. fumer. 33) Je m'empresse .. vous écrire. 34) Il a fini .. pleurer. 35) Je vous prie .. attendre un moment. 36) Elle était contente .. vous voir. 37) Elle était surprise .. recevoir cette lettre. 38) J'ai peur .. avoir oublié ma carte. 39) Il a raison .. se plaindre. 40) Il est impossible .. retourner. 41) Il est juste .. le punir. 42) Il est interdit .. stationner ici. 43) Es-tu sûr .. ne pas te tromper? 44) Elle s'est décidée .. aller en France. 45) Elle a décidé .. aller en France. 46) Il ne peut se résoudre .. épouser cette jeune fille aimable. 47) L'armée fut forcée .. se retirer. 48) Il est allé .. chercher le médecin. 49) C'est une machine .. coudre. 50) Envoie .. chercher le médecin!

(2) Bilden Sie die Partizipien des Präsens folgender Verben: aller, dormir, pouvoir, vouloir, punir, ouvrir, boire, croire, mourir, obéir, payer, partir, franchir, pleurer, être, avoir, s'asseoir, conduire, connaître, craindre, croître, cueillir, devoir, dire, écrire, faire, fuire, lire, luire, mettre, naître, plaire, prendre, rire, suffire, suivre, tenir, vaincre, venir, vivre, voir.

Denken Sie daran, daß das Part. Prs. von der 1. Person Plur. d. Prs. abgeleitet wird. (Vgl. 30 T., S. 220.)

(3) Bilden Sie zu denselben Verben das Part. Perf., und berücksichtigen Sie dabei, daß je nach dem gegebenen Verbum die Form *ayant* oder *étant* gebraucht werden muß.

Proverbes français

Tout ce qui brille, n'est pas or. Es ist nicht alles Gold, was glänzt.

La parole est d'argent, le silence est d'or. Reden ist Silber, Schweigen ist Gold.

Tous les songes sont mensonges. Träume sind Schäume.
Chacun est l'artisan de sa fortune. Jeder ist seines Glückes Schmied.
Après la pluie, le beau temps. Auf Regen folgt Sonnenschein.
Quand on parle du loup, on en voit la queue. Wenn man vom Teufel spricht, ist er nicht weit (vom Wolf spricht, sieht man seinen Schwanz).
Une hirondelle ne fait pas le printemps. Eine Schwalbe macht noch keinen Sommer (Frühling).
Mauvaise herbe croît toujours. Unkraut vergeht nicht.
Il faut battre le fer, pendant qu'il est chaud. Man muß das Eisen schmieden, solange es heiß ist.
Qui se ressemble, s'assemble. Gleich und gleich gesellt sich gern. (Wer sich ähnelt...)
L'homme propose, Dieu dispose. Der Mensch denkt, Gott lenkt.
Dans le langage populaire on change ce proverbe en: L'homme propose, la femme dispose!

Et celle-là, vous la connaissez?

On est à table. Arrive un plat d'épinards. Un des convives le prend, le retourne et s'en coiffe. Inondé d'une cascade verdâtre, il voit ses voisins stupéfaits. Alors un peu confus:
– Excusez-moi, leur dit-il, je croyais que c'était de la purée de pommes.

le plat Schüssel
le convive Gast
retourner umdrehen
se coiffer s. (als Kopfbedekkung) aufsetzen
inondé, e überschwemmt
la cascade f. Wasserfall
verdâtre grünlich
stupéfait, e verblüfft, bestürzt
le voisin Nachbar

NEUVIÈME LEÇON

Le Parfum

L'usage des parfums est vieux comme le monde. Chez les peuples primitifs on se sert des fumées odorantes obtenues par combustion de bois ou d'écorces pour observer les rites religieux. „Cet usage sacré est le premier que l'on fait du parfum. Il en tirera plus tard son nom (per fumum = par combustion)." Tout le monde sait qu'on brûle encore aujourd'hui de l'encens et de la myrrhe dans les églises catholiques. - Peu à peu, les parfums passent dans la vie profane. Les Égyptiens utilisent déjà la myrrhe, le safran, la cannelle, le santal. Dans le monde gréco-latin on voit se développer une industrie et un commerce florissants des essences odorantes. Les Romains aiment à parfumer leurs bains, leur chambre, leur lit. „Mais ce sont les Arabes qui, au cours du Moyen Age, font progresser de façon décisive les techniques d'extraction et de distillation des essences naturelles. Ils inventent l'alambic. Les Croisés ramènent en Occident la vogue des parfums que l'avènement du Christianisme avait, au Moyen Age, fait disparaître. Dès lors en France la culture des fleurs et les industries d'extraction prennent naissance. Au XIXe siècle les progrès de la chimie font réaliser à l'industrie de la parfumerie la dernière étape vers son développement actuel."

On divise classiquement les matières premières de la parfumerie en deux grandes classes de corps: les essences naturelles d'origine végétale ou animale et les matières synthétiques ou artificielles, mais les essences odorantes végétales constituent encore la source la plus abondante de matières premières pour le parfumeur. Elles apportent au parfum une finesse qu'aucune matière artificielle ne peut égaler.

Il ne faut pas oublier que le parfumeur „compose" le parfum. Son œuvre est celle d'un artiste, comme dit M. Jacques le Maguen dans son livre sur les parfums. „Dans le choix qu'il fait des matériaux, offerts par la nature et le chimiste, dans la recherche d'associations harmonieuses il obéit à son inspiration et à un souci de perfection esthétique. Comme toute œuvre d'art la composition d'un parfum est une œuvre longue et tâtonnante. Plusieurs années de recherches et d'ébauches sont parfois nécessaires à la création d'un grand parfum. Mais lorsque l'œuvre de la composition est achevée, le parfum, luxueusement flaconné et emballé, se présente comme une œuvre d'art, qui vient ajouter à la séduction de la femme."

Voilà l'histoire du parfum. Mais quel parfum choisir? En général, dans ce domaine, les dames sont expertes, mais les messieurs qui veulent offrir un cadeau à leur femme ou à leur fiancée, se trouvent dans un très grand embarras parce qu'ils savent bien qu'en choisissant un parfum, il faut penser au type de la dame pour laquelle on veut acheter le parfum. Est-elle blonde ou brune? A-t-elle les yeux bleus, verts, bruns ou noirs? En outre, pour quelle occasion ce parfum doit-il servir? Pour la soirée, pour le jour ou, par exemple, pour le sport? C'est vraiment une foule de questions pour un monsieur qui ne connaît ni le nom, ni le caractère d'un parfum. Pour aider ces pauvres messieurs, essayons de leur donner quelques conseils:

Maison	*Nom du parfum*	*Caractère*
Carven	Ma Griffe	jasmine
Chanel	Chanel No 5	jour et soirée, très aimé
Coty	Chypre	exotique

Maison	*Nom du Parfum*	*Caractère*
Dior	Miss Dior	pour blonde ou brunette
Fath	Iris Gris	frais
Le Galion	Eau de Sortilège	léger
	Snob	chaud et lourd
Guerlain	Fleur de Feu	pour blonde „explosive“
	Vol de Nuit	pour fourrure (Pelz)
Lancôme	Flèches	soirée
	Marrakech	séduisant (verführerisch)
Lanvin	Scandal	lourd, tropique, pour brune
Lenthéric	Shanghai	très aimé
Molyneux	Chic	pour brun ou brune
D'Orsay	Milord	aromatique (würzig)
Schiaparelli	Shocking	élégant

Vocabulaire

l'usage m. Gebrauch, Verwendung
la fumée Rauch, Dampf, Dunst
odorant, e wohlriechend
obtenir erlangen
la combustion Verbrennung
l'écorce f. Rinde, Borke
le rite Ritus
sacré, e heilig
tirer ziehen, ableiten
l'encens m. Weihrauch
la myrrhe Myrrhe
profane weltlich
l'Égyptien(ne) Ägypter(in)
utiliser verwenden
le safran Safran, Krokus
la cannelle Zimt
le santal Sandelholz
gréco-latin griechisch-lateinisch
florissant blühend
l'essence f. Essenz
le (la) Romain(e), Römer(in)
le bain Bad
le Moyen Age Mittelalter
progresser fortschreiten
l'extraction f. Gewinnung, d. Herausziehen, chem. Extrahieren
la distillation (l) Destillieren
inventer erfinden
l'alambic m. Destillierapparat, Retorte
le croisé Kreuzfahrer
la vogue Beliebtheit, Zulauf, Erfolg, Ansehen, Mode
achever vollenden
luxueux, se luxuriös, prachtvoll
l'avènement m. Beginn, Erscheinen
dès lors von nun an
prendre naissance geboren werden, entstehen

la chimie Chemie
réaliser verwirklichen
l'étape f. Etappe
actuel, le gegenwärtig
les matières premières f. Pl. Rohstoffe
les classes de corps f. Pl. Hauptgruppen
l'origine f. Ursprung, Herkunft
végétal, e pflanzlich
animal, e tierisch
synthétique synthetisch
artificiel, le künstlich
constituer darstellen, bilden
la source Quelle
abondant, e ertragreich
la finesse Feinheit
égaler (Akkus.) gleichkommen
composer komponieren, zusammensetzen
l'artiste m. Künstler
les matériaux m. Pl. Baustoff, Materialien
le choix Wahl
l'association f. Verbindung, Vereinigung
le souci Sorge, Besorgtheit
esthétique ästhetisch
tâtonnant, e tastend
la recherche Versuch, Analyse
l'ébauche f. Entwurf, Versuch, Skizze
la création Schöpfung
flaconner in ein Fläschchen füllen
emballer verpacken
ajouter beitragen
la séduction Verführung, Reiz
expert, e fachkundig
le cadeau Geschenk
le (la) fiancé(e) Verlobte(r)
l'embarras m. Verwirrung, Verlegenheit
choisir wählen
en outre außerdem
aider qn. jem. helfen
le conseil Ratschlag

Grammaire

I. Verben mit Akkusativ. Vgl.:

une finesse qu'aucune matière artificielle ne peut égaler = eine Feinheit, *der* kein künstlicher Stoff gleichkommen kann
pour aider ces pauvres messieurs = um diesen armen Männern zu helfen

a) Diese Fälle erinnern an die Verben, die abweichend vom Dt. mit dem Akkus. verbunden werden wie z. B.:

affronter trotzen
secourir helfen
contrarier zuwiderhandeln
devancer vorauseilen (überholen)
éclairer jem. leuchten
égaler gleichkommen
féliciter jem. Glück wünschen

imiter qn. j. nachahmen
maudire j. fluchen
prévenir j. zuvorkommen, benachrichtigen
sonner qn. j. klingeln, läuten

b) Ebenfalls im Frz. Akkusativobjekt, im Dt. aber präpositionales Objekt haben folgende Verben:

craindre qn., qch. sich vor jem. o. etw. fürchten
demander qn., qch. nach jem. o. etw. fragen, um etw. bitten
envahir un pays in ein Land einfallen
fuir qn., qch. vor jem. o. etw. fliehen
longer qch. an etw. entlangfahren
raconter qch. etw. (von etw.) erzählen
se rappeler qch. sich an etw. erinnern
rejoindre qn. sich an jem. anschließen, mit jem. wieder zusammenkommen, jem. treffen

II. Verben mit de

Die Zahl der in 30 T., S. 121 genannten Verben, die mit der Präposition *de* verbunden werden müssen, bedarf noch einer Erweiterung. Neben den dort aufgeführten *avoir le temps de, attendre de, finir de, continuer de, regretter de, permettre de, s'excuser de* steht noch eine Reihe weiterer Verben, die im Dt. teils mit dem Akkusativ, teils mit einem präpositionalen Objekt konstruiert werden:

s'acquitter de etw. erfüllen, bezahlen (s. frei machen von), s. e-r Sache entledigen
s'agir de s. handeln um
désespérer de an etw. verzweifeln
se douter de ahnen
jouir de qch. etw. genießen
se méfier de j. o. etw. mißtrauen
se mêler de s. in etw. einmischen
se moquer de sich lustig machen über
s'occuper de s. beschäftigen mit, s. kümmern um
se passer de etw. entbehren
se plaindre de s. beklagen über
profiter de etw. be-, ausnutzen
se réjouir de s. freuen über
rire de über etw. lachen
se souvenir de sich erinnern an
se soucier de s. sorgen um
se venger de s. rächen an
hériter de qn. j-n beerben
hériter de qch. etw. erben

hériter qch. de qn. **etw. von j. erben**
remercier qn. de (pour) qch. **j-m für etw. danken**
féliciter qn. de (pour) qch. **j-n zu etw. beglückwünschen**

(1 – 2) **Exercice de traduction**

(1) Ich bin sicher, daß er ihm trotzen wird. Trotze ihm nicht, er ist stärker als du! Er hat ihr in ihrem Elend geholfen. Ich werde ihnen mit meinem Geld *(de)* helfen. Er hat den Plänen seines Chefs zuwidergehandelt. Er hat alle Läufer überholt. Er wird alle seine Rivalen überholen. Er ist ihm niemals gleichgekommen. Corneille kommt Racine an Ruhm gleich. Er hat mir zu meinem Erfolg *(de)* gratuliert. Gratuliere ihr aus Anlaß ihres Geburtstages. Er hat seinem Schicksal *(destinée)* geflucht. Er ist seinen Gegnern zuvorgekommen. Du mußt versuchen, deinen Feinden zuvorzukommen. Fürchte dich nicht vor den Menschen! Fürchte sie nicht! Fürchte dich vor nichts! Ich kann mich nicht an die Geschichte erinnern. Ich werde ihn an sein Angebot erinnern. Ich werde ihn daran erinnern. Er hat mir von seiner Reise erzählt. Man hat nach mir gefragt, nach Ihnen, nach euch!

(2) Sie hat ihre Aufgabe gewissenhaft erfüllt. Ich bin sicher, daß er die Gelegenheit ausnützen wird. Kannst du dich an die Sache erinnern? Sie hat sich sehr um ihn gesorgt. Er hat seinen amerikanischen Onkel beerbt. Er hat eine Million geerbt. Er hat von ihm eine Million geerbt. Sehr geehrter Herr D., ich danke Ihnen herzlichst für Ihren Brief, den ich gestern bekommen habe. Darf ich Sie zu Ihrem großen Erfolg beglückwünschen? Ich habe mich sehr über das Echo, das Ihr Werk in der Presse gehabt hat, gefreut. Sie werden sich gewiß nicht über die Kritik beklagen. Er beschäftigt sich mit der frz. Literatur. Ich werde mich in diese Angelegenheit nicht einmischen. Ich mißtraue dieser ganzen Geschichte. Ich habe schon immer das Unheil geahnt. Ich habe immer an seiner Aufrichtigkeit gezweifelt. Natürlich wird er sich über uns lustig machen. Aber ich kann seine Hilfe entbehren. Gewiß wird sich eine Gelegenheit finden, wo ich mich an ihm rächen kann. Dann werde ich meinen Triumph genießen. Auf keinen Fall werde ich jetzt an meiner Lage verzweifeln. Es handelt sich (ja) im Grunde nur um eine Kleinigkeit. Ich werde meine Handlungsweise nie bereuen. Eines Tages wird er merken, daß er unrecht gehandelt hat und daß er meinen Rat braucht. Ich habe Mitleid mit ihm. Jetzt lacht er über mich, und später wird er sich über sein Schicksal beklagen. Er hat sich bereits meinem Freund zu

nähern versucht. Aber dieser hat ihm mißtraut, denn er zweifelt an der Ehrlichkeit seines Charakters.

Pour ranimer les esprits abattus, voilà encore une fois la question:

Et celle-là, vous la connaissez?

Un homme marié mène une vie assez irrégulière qui inquiète fortement sa femme.
Il ne rentre pas tous les soirs à l'heure dite. Puis, brusquement, un beau jour, il disparaît pour tout un week-end. La femme s'affole un peu et juge sage de télégraphier aux quatre amis les plus intimes de son mari:
„Est-ce que Pierre se trouve chez vous?"
Quelques heures passent, puis un petit télégraphiste sonne. C'est la réponse du premier ami:
„Pierre est bien arrivé. Stop. Pas d'inquiétudes. Stop. Envoie toutes ses affections. Stop. Paul."
Cinq minutes plus tard, deuxième coup de sonnette. C'est un deuxième télégramme:
„Pierre est bien arrivé. Stop. Pas d'inquiétudes. Stop. Envoie toutes ses affections. Stop. André."
Encore quelques minutes, puis un autre coup de sonnette:
„Pierre est bien arrivé. Stop. Pas d'inquiétudes. Stop. Envoie toutes ses affections. Stop. Jacques."
Deux minutes se passent, puis la sonnette retentit: Le quatrième télégramme est identique aux précédents.
– Cette fois, j'ai compris, s'écrie la femme de Pierre, les amis de mon mari sont fous.

DIXIÈME LEÇON

La France, pays des cathédrales

Si l'on veut parler des grandes merveilles de la France, il convient de nommer en premier lieu cette merveille que sont les cathédrales. Ce que la France médiévale a créé dans ce domaine est unique. Car la passion créatrice des architectes du Moyen Âge a réalisé l'édifice le plus grandiose et le plus extraordinaire que la main de l'homme ait jamais construit, à savoir la cathédrale gothique, dont la conception est si puissante qu'il n'a jamais été possible à un artiste ou même à un groupe d'artistes de la terminer en une seule génération. En vérité, cette conception était à ce point gigantesque que personne ne pouvait la saisir dans son ensemble, et que sa réalisation est le fruit de la collaboration de nombreuses générations d'architectes.

On est d'autant plus étonné quand on se représente le nombre de cathédrales dont la France est si riche. On les compte par douzaines, réparties dans toutes les régions, jusqu'à Narbonne ou même Perpignan, bien que les plus célèbres se trouvent plus au nord: Notre-Dame de Paris, les cathédrales de Reims, Tours, Orléans, Chartres et Rouen témoignent de cette puissante volonté d'expression de l'esprit créateur français, telle qu'elle s'exprime non seulement dans l'architecture, mais aussi dans la sculpture et l'art du vitrail. Où trouve-t-on encore ailleurs dans le monde de ces couleurs lumineuses semblables à celles que l'on peut admirer dans les vitraux de la cathédrale de Chartres?

Celui qui préfère la pureté de l'architecture gothique visite la cathédrale de Paris, de Reims ou d'Amiens. Cependant beaucoup d'experts voient dans la cathédrale de Chartres, en dépit ou précisément en raison de son absence d'unité de style, le modèle du genre. Non seulement ses deux tours n'ont pas la même hauteur, mais encore leur aspect montre qu'elles ont été érigées à deux époques différentes du style gothique. L'une révèle le style simple et sévère de l'art pré-gothique, tandis que l'autre se dresse dans le style décoratif du gothique flamboyant. Trois siècles les séparent. C'est pourquoi l'on peut la considérer comme parfaite, dans le sens des représentations idéales d'une cathédrale gothique parfaite.

Chartres se trouvant environ à 90 km du sud-ouest de Paris, pas un touriste séjournant dans la capitale ne doit manquer de visiter cette „fleur de l'art gothique".

Vocabulaire

la merveille Wunder
il convient es empfiehlt sich, es schickt sich
le lieu Ort, Stelle
médiéval, e mittelalterlich
créer schaffen
le domaine Gebiet
créateur, créatrice schöpferisch
le Moyen Âge Mittelalter
l'édifice m. Gebäude, Bauwerk
à savoir nämlich
la conception Gedanke, Einfall, Planung, Gestaltung
puissant, e mächtig, gewaltig
l'artiste m. Künstler
la vérité Wahrheit
gigantesque gigantisch
saisir ergreifen, fassen
l'ensemble m. Gesamtheit
le fruit Frucht
la collaboration Zusammenarbeit
d'autant um so
être riche de reich sein an
compter zählen
répartir verteilen
célèbre berühmt
témoigner de zeugen von
tel, le que so wie
s'exprimer s. ausdrücken
la sculpture (skültür) Bildhauerkunst
le vitrail Kirchenfenster
ailleurs anderswo, woanders
lumineux, se leuchtend
semblable à ähnlich
admirer bewundern
préférer vorziehen
la pureté Reinheit
l'expert m. Sachverständiger, Kenner
en dépit de trotz
en raison de wegen
l'absence f. Abwesenheit, Fehlen
le genre Gattung, Art
la tour Turm
l'aspect Anblick
ériger errichten
l'époque f. Epoche
révéler offenbaren, enthüllen
sévère streng
se dresser sich erheben
décoratif, ve verziert, schmuckreich
le gothique flamboyant Spätgotik
séparer trennen
considérer comme parfait, e als vollkommen ansehen
environ ungefähr
séjourner sich aufhalten
manquer versäumen

Um Ihnen, lieber Leser, die Möglichkeit zu geben, beim Besuch einer Kathedrale den Erklärungen des Fremdenführers einigermaßen zu folgen, teilen wir anschließend das hauptsächliche einschlägige Vokabular mit:

abbatial, e Abts-, Abtei-,
l'abbaye f. Abtei
l'abbé m. Abt
l'abside f. Apsis, Chor(abschluß)
absidal, e Apsis-,
l'ange m. Engel
l'apôtre m. Apostel
l'arc m. Bogen
l'arcade f. Bogengang

La cathédrale de Chartres

l'arc-boutant m. Strebebogen, -pfeiler
l'arête m. Gräte, Arch.: Grat
l'Ascension f. Himmelfahrt
l'autel m. Altar
le bas-relief Basrelief
la base Unterbau
la boiserie Holzverkleidung
le buffet d'orgue Orgelgehäuse
la chapelle Kapelle
le chapiteau Kapitell
le chevet Kopfende, Arch.: Apsis
le chœur Chor
le clocher Glockenturm
le cloître Kreuzgang
la clôture Einfriedigung, Schranke
la clôture du chœur Chorschranke
collatéral, e Seiten-, Neben-,
la colonne Säule
la colonnette kl. Säule
le contrefort Strebepfeiler
la croisée, le croisillon Querschiff
la croix Kreuz
la crypte f. Krypta, Gruft
le déambulatoire Chorumgang
le diamètre Durchmesser
l'évêché m. Bistum
l'évêque Bischof
la façade f. Fassade
flamboyant flammend
la flèche Helm, Spitze
la fresque Freske
la galerie Balkon, Umgang
le haut-relief Hochrelief
le Jugement dernier letztes Gericht
latéral, e seitlich
le maître-autel Hochaltar
le marbre Marmor
la nef (f) (Kirchen-)Schiff
la niche f. Nische
ogival, e spitzbogig
l'ogive f. Spitzbogen
l'orgue m., Pl. f. Orgel
l'ornementation f. Stuckarbeit
la peinture Malerei
le pignon Giebel
le pilier Pfeiler
le porche Portalvorbau
le portail Portal
le reliquaire Reliquiar
la relique Reliquie
le retable Altarwand, -aufsatz
la rosace Rosette, (Fenster-)Rose
la roue romane roman. Rad
la sacristie Sakristei
le saint Heilige
le sépulcre Grab(mal)
le saint-sépulcre Heilige Grab (Jesu)
le sanctuaire Allerheiligste
la sculpture Bildhauerei
la stalle Chorstuhl
le tombeau Grab, Gruft
la tour Turm
le transept Querschiff
la travée (Gewölbe-)Joch
le triforium auf Säulchen ruhende Galerie
le tympan Giebelfeld
la vierge Jungfrau
le vitrail, Pl. vitraux bemaltes Kirchenfenster
la voussure Wölbung
la voûte f. Wölbung, Gewölbe

Grammaire

Die Verhältniswörter *en, dans* und *à* sind in ihrem Gebrauch besonders schwierig, daher sollen diese und die beiden folgenden Lektionen sich eingehend mit ihnen beschäftigen und möglichst reiches Material zur Verfügung stellen.

I. Die Präposition en. Vgl.:

prendre une affaire en main	en automne
sortir en robe bleue	en été
mettre qch. en doute	en février
mettre une poésie en musique	en théorie
	en pratique
en toute confiance	en poésie
en premier lieu	en physique
en vérité	en cas de guerre
en une seule génération	en cas de doute
en deux jours	en cas de mort
en six mois	en sens inverse
en dépit de	être en classe, en prison
en raison de	être en danger, en civil
en France	traduire en allemand
en voiture	se mettre en colère contre qn.
en route	
en ville	en tout cas
en détail	être en mauvais état
en gros	en personne

En steht:

1. Vor Namen von Ländern und Erdteilen, wenn sie weibl. Geschlechts sind:

   en France, en Italie, en Allemagne, en Espagne, en Europe, en Amérique; ebenso auch: en ville

2. bei Zeitangaben (= innerhalb, vor Ablauf von, binnen): En deux jours tout fut réglé. Le travail fut exécuté en quinze jours. Il a composé cette œuvre en neuf mois.

Anm.: d'aujourd'hui en huit, en quinze; de demain en quinze; lundi en huit; en 1961, en *hiver*, en automne, en mai; *aber:* au printemps, au mois de février

3. bei Maßbestimmungen:
   en grand, en petit, en gros, en détail, en général, en particulier; une tragédie en cinq actes

Anm.: en vérité, en outre, en réponse à; fondre en larmes (in Tränen zerfließen)

4. Zur Angabe des Transportmittels:
aller, voyager en voiture, en chemin de fer, en auto, en avion

5. Mit Artikel oder Pronomen erscheint *en* in folgenden Redewendungen:

en l'absence de	unique en son genre
en l'an de grâce de	en son nom
tirer en l'air	en ce temps-là
en l'honneur de	

II. Derjenige, welcher. Vgl.:

des couleurs semblables à celles que l'on peut admirer;
celui qui préfère la pureté de l'architecture gothique;
ce que la France a créé dans ce domaine

Derjenige welcher und die zugehörigen Formen heißen:

celui qui	ceux qui
celle qui	celles qui

Natürlich kommen beide Formen, d. h. das Demonstr.Pr. wie das Rel.Pr., nicht nur im Nominativ vor, daher ergeben sich z. B. folgende Möglichkeiten: *de celui qui, à ceux qui* oder *de celui auprès de qui, à celui avec qui* usw.

Ebenso wie man im Dtsch. statt „derjenige, welcher" einfach „wer" sagen kann, besteht auch im Frz. die Möglichkeit, statt *celui qui* ein bloßes *qui* zu setzen:

Qui vivra verra. Wer (derjenige, der) leben wird, wird sehen.
Rira mieux qui rira le dernier. Wer zuletzt lacht, lacht am besten.

Die gleiche Verkürzung zeigt sich auch in anderen Fällen, z. B.:

Épouse qui tu voudras. Heirate, wen du willst.

Dabei ist *qui* als Objekt des Relativsatzes aufzufassen.

Dasselbe *qui* kommt auch in Verbindung mit Präpositionen im Sinne eines präpositionalen Objekts des Relativsatzes vor:

Je le dirai à qui veut l'entendre. Ich werde es zu dem sagen, der es hören will.

(1 – 3) **Exercice de traduction**

(1) Er hat vierzehn Tage in England verbracht. Er ist in vier Stunden von Berlin nach London geflogen *(mettre pour aller)*. Mein Bruder lebt in Amerika, meine Schwester in Australien. Frau Dupont ist in der Stadt, um Einkäufe zu machen. Heute abend essen wir in der Stadt. Heute überqueren die Flugzeuge den Ozean in einem Tag. Napoleon wurde im Jahre 1769 ge-

boren. Heute in acht Tagen werden wir in Frankreich sein. Und wo? In Paris natürlich. Im Frühling ist Paris ein Wunder. Im Sommer ist Paris oft unerträglich heiß *(chaleur insupportable)*. Der Lehrer sagt oft: „Studieren wir die Frage im einzelnen." Im allgemeinen sagt er die Wahrheit. In Beantwortung Ihres Schreibens vom 1. (3., 11., 16., 21.) Januar teile ich Ihnen mit, daß wir Ihnen leider die Ware noch nicht schicken können. Diesmal werden wir mit dem Auto nach Paris fahren, unsere Freunde fliegen *(aller)* mit dem Flugzeug nach Marseille. In Physik ist er ein guter Schüler, in Französisch ist er sehr schwach. Im Zweifelsfalle werde ich dich noch einmal anrufen. Rilke hat Gides „Rückkehr des verlorenen Sohnes" *(enfant prodigue)* ins Deutsche übersetzt. Auf jeden Fall werde ich dir noch schreiben. Er hat die Sache in die Hand genommen, obwohl er sich in einem schlechten Zustand befindet. Sie müssen in umgekehrter Richtung nach Paris fahren. Sie ist in einem weißen Kleid ausgegangen. Du darfst seine Antwort nicht in Zweifel ziehen. In allem Vertrauen muß ich dir sagen, daß du dich irrst. Im Kriegsfalle wird er das Land verlassen. Er ist in Zorn geraten, als er diesen Brief bekam. Zu Ehren von Bernadette hat man in Lourdes eine riesige Kathedrale gebaut. Der Präsident hat persönlich an der Eröffnung *(inauguration)* der Ausstellung teilgenommen. In Abwesenheit der Katze tanzen die Mäuse (vgl. dt. Sprichwort!). Im Jahre des Heils 1596 wurde Descartes, der große französische Philosoph, geboren. Um den Verbrecher zu warnen (*avertir*), hat der Polizist in die Luft geschossen. Zu dieser Zeit war er noch reich. In seinem Namen muß ich dir sagen, daß du dich schlecht betragen hast (*se comporter*). Dieses Bild ist einzig in seiner Art.

(2) Ich werde demjenigen, der mir hilft, ein Buch schenken. Wir kennen die(jenigen), von denen ihr sprecht, nicht. Ich denke an den, bei dem er lebt. Der(jenige), mit dem ich spazierengegangen bin, ist mein Freund. Diejenige, mit der du ihn gesehen hast, ist seine Freundin. Diejenigen, ohne die ich nicht leben kann, sind meine Eltern. Diejenigen, von denen man spricht, sind nicht immer die bedeutendsten. Hier sind zwei Bücher: nimm, welches du willst.

(3) Reise, mit wem du willst. Wer am Freitag lacht, wird am Sonntag weinen (Sprichwort). Wer fleißig arbeitet, wird Erfolg haben. Liebt den, der euch liebt. Die Aufgabe ist nicht schwer für den, der seine Lektüre gut kennt. Hindert uns nicht, zu reisen, mit wem wir wollen.

Cher lecteur!

Si vous êtes en France, respectez cet avis:

l'avis m. Mahnung, Rat
le pèlerin Pilger
le domaine Gebiet, Bereich
la tenue Haltung, Auftreten
décent, e anständig, schicklich
l'adulte Erwachsener
éviter vermeiden, unterlassen
admettre zulassen
le laisser-aller Sichgehenlassen, Schlamperei
s'abstenir de sich enthalten
circuler umherlaufen
l'office m. Messe
la prédication Predigt
le Seigneur Herr, Gott
la prière Gebet

ONZIÈME LEÇON

La France, pays des châteaux

C'est un fait vraiment étonnant: malgré toutes les guerres et les révolutions qui ont bouleversé et ravagé la France au cours des siècles, elle reste cependant toujours le pays des châteaux. Quel pays européen pourrait encore aujourd'hui faire étalage d'un tel trésor, trésor qui plonge le visiteur dans le plus profond ravissement. Un regard jeté sur une carte touristique suffit pour voir qu'il y a des châteaux dans le pays tout entier. Mais c'est dans les environs de Paris et dans la vallée de la Loire que se succèdent les perles les plus splendides de la culture française. Qui ne connaît pas les noms de Versailles, Chantilly, Compiègne, Maisons-Laffitte, Malmaison, Rambouillet, Fontainebleau, tous situés dans les environs de Paris, et qui n'a pas entendu parler une fois déjà des châteaux de la Touraine d'une façon générale et de la Loire au sens plus étroit: Amboise, Chambord, Chaumont, Chateaudun, Chinon, Langenais, Saûmur etc.? Personne ne peut prétendre connaître la France sans avoir vu ce charmant Val de Loire avec ses vastes horizons, ses peupliers, ses îles de sable rouge et le ciel délicat sur lequel se détachent les silhouettes des blancs châteaux et des palais de rêve.

Mais les châteaux n'y sont pas seulement des témoins de la culture française, ils rappellent aussi les générations de rois, les grands seigneurs, les ministres et les financiers, parmi lesquels Fouquet, pour ne nommer que lui, pour faire construire le château de Vaux-le-Vicomte (Seine et Marne) réunit l'équipe d'artistes de génie qui réalisa Versailles. Mais ces châteaux sont aussi le produit de chaque époque et de chaque terroir, les reflets de la civilisation qui les a créés et les témoins du passé. Le nom des châteaux est aussi celui des grandes familles plus ou moins associées à la gloire française. Les châteaux expriment aussi le caractère rural de la civilisation française. La fortune de la France lui est venue de la terre et de tout ce qu'elle produit si généreusement.

Faute de réparation et d'entretien, les châteaux de France sont condamnés à mort les uns après les autres. Seuls subsisteront ceux que l'État ou une collectivité publique ont achetés pour y installer un musée ou un service administratif. C'est pourquoi il faut espérer que le Gouvernement et le Parlement prendront, notamment dans le domaine fiscal, les mesures propres à assurer la sauvegarde des châteaux de France.

Visitez ces joyaux qui font partie des trésors de la France.

Vocabulaire

malgré trotz
bouleverser umstürzen, verwüsten
ravager verwüsten, verheeren
l'étalage m. (Waren-)Auslage, Ausstellen
faire étalage de zur Schau stellen
plonger eintauchen, stürzen, versenken
le ravissement Entzücken
la carte touristique Wander-, Ausflugskarte
suffir genügen
dans les environs in der Umgebung
se succéder aufeinander folgen
splendide herrlich, glänzend
étroit, e eng
prétendre behaupten
le peuplier Pappel
l'île f. Insel
le sable Sand
se détacher sur sich abheben von, gegen
le rêve Traum
le témoin Zeuge
rappeler qch. an etw. erinnern
le seigneur (Lehns-, Guts-) Herr
Fouquet, Nicolas franz. Finanzmann (1615—1680)
réunir vereinigen
l'équipe f. Rotte, Trupp, Mannschaft, Stab
les artistes de génie geniale Künstler
réaliser verwirklichen
le terroir Boden, Land
le reflet Reflex, Widerschein, Spiegelbild
associé à verbunden mit
rural, e ländlich
la fortune Glück, Vermögen, Reichtum
l'origine f. Ursprung, Anfang
la féodalité Lehnswesen, Feudalismus
faute de aus Mangel an, mangels
l'entretien m. Erhaltung, Instandhaltung
subsister fort-, weiterbestehen
le service administratif Verwaltungsstelle
notamment namentlich, vor allem
fiscal, e Steuer-, fiskalisch
la sauvegarde Schutz
le joyau (Pl. -x) Juwel, Kleinod

Grammaire

I. Die Präposition dans. Vgl.:

dans les environs de Paris
dans la sculpture
dans le monde
dans les vitraux
dans le sens
dans la vie profane
dans le monde gréco-latin
dans le choix qu'il fait
dans le parc de Bagatelle
dans son ensemble
dans le pays tout entier
dans ce domaine
dans la vallée de la Loire
dans le domaine fiscal

dans ma chambre
dans mon jardin
dans la cour
dans la main
dans Paris
dans la Bible
dans la rue
manger, boire dans qch.
dans un mois
être dans la dernière semaine de décembre
dans cinq jours
dans ces circonstances
dans un accident

dans la mesure de
dans longtemps
dans le fond
agir dans les règles
être dans l'abattement
vivre dans la misère
vivre dans l'opulence (Überfluß)
tu es dans mon jour (mir im Licht)
dans le but (mit dem Ziel, der Absicht)
se promener dans les champs

dans heißt „in" im Sinne von „im Innern, innerhalb", und zwar wird es, wie die Beispiele zeigen, konkret räumlich und in übertragener Bedeutung gebraucht; *dans la main* heißt: in der Hand drin, von den Fingern fest umschlossen. Ebenso bedeutet *dans Paris* wirklich in der Stadt drin. Übertragen gebraucht erscheint *dans* in *dans la misère, dans l'opulence,* da hier kein konkreter Raum vorliegt, innerhalb dessen sich jemand befindet.

Bei Zeitbestimmungen – vgl. *dans cinq jours* etc. – bedeutet *dans* „von jetzt an". Dieses *dans* steht also im Gegensatz zu *en,* das ebenfalls mit Zeitangaben verbunden wird:

il est revenu en cinq jours – il reviendra dans cinq jours
en deux jours tout fut réglé – tout sera réglé dans deux jours
il est revenu en un instant – il reviendra dans un instant

dans im Sinne „von jetzt an" bezieht sich also immer auf die Zukunft.

II. Apposition und Artikel. Vgl.:

La France, pays des châteaux; la France, pays des cathédrales; faire étalage d'un tel trésor, trésor qui plonge le visiteur dans le plus grand ravissement; (12. Lektion:) les Français, authentiques descendants des Romains; le Pont de Tancarville, pont-route sur la Seine

Die Apposition ist eine durch Komma abgetrennte Beifügung zu einem Substantiv, die beiläufiger oder bestimmter Art sein kann. Wie die Beispiele zeigen, steht sie im Frz. – abweichend vom Deutschen – ohne Kasusangabe *(de* oder *à)* und ohne Artikel.

Ausnahmen:

1) Balzac, le célèbre romancier du 19e siècle, naquit à Tours. Der Inhalt dieser Apposition ist als bekannt anzusehen, was durch den Artikel zum Ausdruck gebracht wird.

2) Paris, la plus grande ville de France, est situé sur la Seine. Immer steht der Artikel, wenn die Apposition von einem Superlativ oder superlativischen Begriff wie le premier, le dernier, le seul, l'unique begleitet ist.

3) La France a confié le pouvoir à un général, le Président de Gaulle.
Ebenso steht immer der Artikel, wenn sich in der Apposition ein Titel mit einem Eigennamen verbindet.

(1) Exercice de traduction

In meinem Zimmer steht ein großer runder Tisch. In unserem Garten gibt es viele Obstbäume. Ich parke *(garer)* meinen Wagen auf dem Hof. In diesem Fluß gibt es nur wenig Fische. Der Junge hat keinen Sou in der Tasche. Wir sind auf den Feldern spazierengegangen. Hast du eine Fliege *(la mouche)* in der Hand? Das kannst du in jeder Apotheke kaufen. Sie sind (mitten) in Paris spazierengegangen. Er hat einen Bonbon im Mund. Diese Birne zergeht *(fondre)* im Munde. Ich habe ihn auf der rue de Rivoli getroffen. Tritt beiseite *(se retirer)*, du stehst mir im Licht. Während er im Elend lebt, lebt sein Freund im Überfluß. In der Praxis des Berufslebens sieht vieles anders aus als in der Theorie *(avoir un autre air)*. Es gibt noch viel Elend auf der ganzen Welt. Auf diesem Gebiet wage ich nicht, dir zu widersprechen. Im Tal der Loire finden sich viele herrliche Schlösser. Er hat das kalte Wasser aus der Hand getrunken. Er hat die Suppe aus einem tiefen *(creux, se)* Teller gegessen. Du mußt das Werk in seiner Gesamtheit (als Ganzes) beurteilen. Ich werde dich in vierzehn Tagen anrufen. Er wird in einer Stunde wieder zurück sein. Er ist mit dem Ziel nach Amerika gereist, Geschäftsangelegenheiten zu regeln. Die französische Klassik nimmt ihre Themen aus der Antike *(l'antiquité)*. Unter diesen Umständen kann ich dir nicht helfen. Er wurde bei einem Unfall verletzt *(blesser)*. Ich werde immer im Rahmen der Vorschriften handeln. Im Grunde ist er ein anständiger *(convenable)* Mensch. Jeder wird nach Maßgabe seiner Mittel *(les moyens)* bezahlen.

(2) **Exercice: article ou non?**

„Le Père Goriot“ se passe (spielt) à Paris dans une pension de famille, „..pension Vauquer“. Le Père Goriot, ..ancien vermicelier (Nudelfabrikant), aime jusqu'à la déraison ses deux filles. Eugène de Rastignac, ..jeune homme de noblesse, cède à la tentation. Vautrin, .. forçat évadé, met un élément romanesque dans le livre. „Eugénie Grandet“ et „Le Père Goriot“, .. plus célèbres romans de Balzac, nous révèlent les grandes passions de la nature humaine. Eugénie se sent attirée vers son cousin Charles, .. élégant dandy parisien. Félix de Vandenesse, .. cadet d'une famille aristocratique, a vécu une enfance loin de l'affection des siens. „César Birotteau“, ... histoire d'un honnête parfumeur perdu par l'ambition, et „La Cousine Bette“, .. roman complexe de la jalousie d'une femme, .. cousine Bette, et de la dégradation d'un homme dans la débauche, .. baron Hulot, sont parmi les romans les plus connus de Balzac. M. de Renal a choisi pour précepteur de ses enfants Julien Sorel, .. fils d'un scieur de bois. Julien gagne la confiance du Supérieur, .. abbé Pirard, qui obtient pour lui une place de secrétaire chez un ultra (Heißsporn), .. marquis de la Môle. Julien éveille la curiosité exaltée de sa fille, .. romanesque Mathilde. Emma Rouault, .. jeune fille romanesque et romantique, mais assez sotte, épouse un médecin, .. brave homme, mais médiocre d'intelligence et de cœur.

DOUZIÈME LEÇON

L'art des ingénieurs français

Les Français, authentiques descendants des Romains, ont toujours été de grands ingénieurs. Ils possèdent les trains les plus rapides d'Europe, les plus grands navires, ont construit les voitures et les avions les plus modernes, et sont les constructeurs géniaux de ponts et de barrages.

Un exemple témoignera de cette activité: Le Pont de Tancarville, pont-route sur la Seine. Quiconque voyage en France ne doit pas manquer de visiter cette installation, dès que la moindre occasion s'en présentera à lui.

Entre Le Havre et Rouen il n'existait avant la construction du Pont de Tancarville aucun moyen de traversée permanent de la Seine sur les 125 derniers kilomètres de son cours; toute la circulation routière Nord/Sud devait utiliser des bacs qui n'offraient qu'un débit faible, imposant souvent de longues heures d'attente, et mettaient le trafic routier à la merci de tous les aléas de navigation: brumes, obscurité, mauvais temps, fortes marées, glaces, entretien ou avarie du matériel.

La construction du Pont de Tancarville a mis fin à cette situation anachronique en plein siècle de l'automobile.

C'est pendant la guerre 1870–1871 que le problème d'une traversée de la Seine par un ouvrage permanent à proximité de son estuaire, a été posé pour la première fois. Ce n'est qu'après presque 90 ans que la Chambre de Commerce du Havre, régulièrement autorisée et dotée des moyens financiers nécessaires, put enfin approuver le marché et donner, le 15 novembre 1955, l'ordre de commencer les travaux, le délai contractuel étant fixé à 44 mois.

Les essais de l'ouvrage eurent lieu le mercredi Ier juillet 1959 avec une surcharge de 1.000 tonnes de camions réparties sur 330 mètres de longueur. Ces essais furent très satisfaisants et l'ouvrage fut mis en service le 2 juillet 1959 à 22 heures, avec une avance de 15 jours sur le délai de 44 mois fixé au marché. Longueur totale du Pont de Tancarville: 1.400, 20 m.

Vocabulaire

authentique glaubwürdig, echt, natürlich, wahr
le descendant Nachkomme, Abkömmling
le navire Schiff
le barrage Talsperre
témoigner de zeugen von
quiconque wer auch immer

l'installation f. Einrichtung, Anlage, Bau
dès que sowie, sobald
la traversée Überquerung
permanent ständig, durchgehend
la circulation routière Straßenverkehr
utiliser benutzen
le bac (bak) Fähre
le débit Leistung, Kapazität, Ergiebigkeit
imposer auferlegen, aufzwingen
mettre à la merci de j.s Willkür überlassen
l'aléa m. Zufall
la navigation Schiffahrt
la brume Nebel
la marée Gezeiten
l'avarie f. Schaden, Mangel
anachronique anachronistisch
à proximité de in der Nähe von
l'estuaire m. Mündung
doté, e de ausgestattet, ausgesteuert mit
approuver genehmigen, billigen
le marché Handel, Vertrag, Abmachung
le délai Frist
contractuel, le vertraglich, Vertrags-

l'essai Versuch, Probe
avoir lieu stattfinden
la surcharge Mehrbelastung, Überlast, Auflast
le camion m. Lastwagen
mettre en service in Dienst stellen
l'avance sur qch. f. Vorsprung, Vorfrist gegenüber etw.
fixer festlegen

Grammaire

Die Präposition à. Vgl.:

au nord
au contraire
à deux époques différentes
au cours des siècles
au Moyen Âge
au 19e siècle
au sens plus étroit
à ce point
à table
à toute heure du jour
sauter aux yeux
un menu à la carte
au restaurant
à l'hôtel
à tel point que
l'eau me vient à la bouche
à côté de
à l'Ouest de Paris
au Sud-Est
au Bois de Boulogne
à Paris
le Monsieur à la grosse situation
être au volant
aller à la découverte de
aller à l'Opéra
aller au théâtre
aller au cinéma
la soupe à l'oignon
un verre à eau
la voiture à bras
à peine
à l'avance
au pas, au trot
à ce sujet

à cet égard
au point de vue
du matin au soir
remettre au lendemain (aufschieben)
au revoir!
à demain!
à bientôt, à tout à l'heure
une chambre à un lit
chanter à haute voix
parler à voix basse
au jardin
à la cuisine
aux champs
à la ville
à la campagne
à l'école
à l'église
à l'étranger
au coin de la rue
au ciel
se couper au doigt, à la main
dire, chuchoter à l'oreille
mordre au doigt
rire au nez (ins Gesicht l.)
au cœur de la France
au Caire (in Kairo)
au Havre (in Le Havre)
au Danemark
aux Pays-Bas
aux Indes
porter qch. à la main
avoir un cigare à la bouche
tenir qch. à la main
au mois de février

au temps de Louis XIV.	avoir de la veine (Glück) au jeu
à ce moment (-là)	recevoir qn. à bras ouverts
à l'heure qu'il est	neiger à gros flocons
briller au soleil	consommer 6 litres aux 100 kms
flotter au vent	une robe à la dernière mode
au datif	écrire au crayon
au pluriel	à ces mots
tomber à l'eau	à chaque instant
se jeter à l'eau	marcher à quatre pattes
peindre à l'huile	vendre au mètre (meterweise)
à l'avenir	
à mes yeux	
à mon avis	

Die große Fülle von Beispielen zeigt, eine wie lebhafte und z. T. überraschende Verwendung die Präposition *à* findet. Daher ist es ratsam, wenn man ein idiomatisch einwandfreies Französisch sprechen will, sich so viele Redewendungen wie möglich einzuprägen, damit man sie beim Sprechen oder Schreiben zur Verfügung hat.

Die Grundbedeutung von *à* ist zunächst *örtlich* = wohin, wo? Dann auf die Zeit übertragen auch *zeitlich* = bis wann? wann? *à* wird auch zur Bezeichnung des *Zwecks*, des Zieles und der Bestimmung im Sinne der Fragen: wozu?, wohin?, wonach?, womit?, wofür?, woran?, worin? gebraucht. Ebenso erscheint es zur Bezeichnung der *Art und Weise*, des Kennzeichens, des Mittels und des Besitzverhältnisses.

1) Man beachte den Unterschied bei folgenden Möglichkeiten:

   en ce moment = im Augenblick, gegenwärtig
   Je n'ai pas d'argent en ce moment

   dans un moment = in einem Moment, gleich
   Il reviendra dans un moment

   à ce moment(-là) = in diesem Augenblick
   À ce moment-là il reconnut qu'il s'était trompé.

2) Vgl. auch: *une mouche dans la main* und *une canne* (Spazierstock) *à la main*

   dans bedeutet, daß der ganze Gegenstand eingeschlossen ist; *à* bedeutet, daß der Gegenstand gehalten, gefaßt, aber nicht in seiner Gesamtheit umschlossen wird.

   Dasselbe gilt z. B. auch für *au ciel* und *dans le ciel:*

   Les étoiles brillent *au ciel* (= am Himmel).
   Les étoiles se perdent *dans le ciel* (= in den Himmel hinein).

Carte Régionale des routes d'accès au Pont de Tancarville

3) Wie die Beispiele zeigen, steht à stets bei Substantiven, die nicht von Possessiv- oder Demonstrativpronomen begleitet sind. Treten solche Wörter zu einem Hauptwort hinzu, so muß die Präposition *dans* stehen:
   dans ce jardin, dans ma chambre

4) Städte und Länder männlichen Geschlechts werden mit *au* bzw. *aux* verbunden:
   au Caire, au Havre, au Japon

(1) Exercice de traduction

Im Norden Frankreichs hat sich eine bedeutende Industrie entwickelt. Im Gegenteil, ich werde ihm nichts sagen. Die Kathedrale von Chartres wurde in zwei verschiedenen Epochen gebaut. In den großen Restaurants kann man zu jeder Tageszeit essen. Gestern abend waren wir im Kino, morgen abend gehen wir in die Oper. Ich schicke dir schon im voraus meine herzlichsten Wünsche. In dieser Hinsicht kannst du völlig ruhig sein. Er arbeitet von morgens bis abends. Herr Dupont fragte den Hotelier: „Kann ich ein Einzelzimmer haben?" Schiebe die Arbeit nicht bis morgen auf! Sie sprach mit leiser Stimme: „Bis bald!" Der Bauer arbeitet den ganzen Tag auf den Feldern. Ich habe meine großen Ferien auf dem Lande verbracht. Nächstes Jahr gehe ich ins Ausland. An der Straßenecke versammelten sich viele Menschen. Sie hat sich plötzlich in den Finger geschnitten. Der Hund hat mich in die Hand gebissen. Sie flüsterte ihm ins Ohr: „Vergiß mich nicht, wenn du in Kairo bist." In diesem Augenblick lachte er ihr ins Gesicht. Im Monat März beginnt der Frühling. Der Diamantring glitzerte in der Sonne. Meiner Meinung nach hat er unrecht. Frau Dupont hat immer Glück im Spiel. Sie hat ihren Mann mit offenen Armen empfangen. Der Wagen von Herrn Dupont braucht auf 100 km acht Liter Benzin. Sie trägt ein Kleid nach der letzten Mode. Das Kind ist ins Wasser gefallen. Im engeren Sinne bedeutet das Wort Venus eine Göttin, im weiteren Sinne (*large*) „große Schönheit". In Zukunft werde ich dir nichts mehr sagen. Die Fahne flatterte im Wind. Er hatte eine Zigarre im Munde und sprach kein Wort. Im gegenwärtigen Augenblick ist die politische Situation sehr unsicher. Er schreibt gern mit dem Bleistift, während ich den Kugelschreiber (*le stylo à bille*) vorziehe. Er trank den Wein aus einem Wasserglas. Im 19. Jahrhundert hat sich die Technik gewaltig entwickelt. Er kann jeden Augenblick kommen. Bei diesen Worten verschwand er. Ich habe meinen Koffer im Hotel gelassen.

Ich speise nicht zu Hause, sondern im Restaurant. Im Westen von Paris steht der Triumphbogen. Im Singular muß man die „Wand“ sagen, im Plural die „Wände“. Er hat mich dermaßen enttäuscht, daß ich nicht mehr mit ihm sprechen werde. Haben Sie schon einmal Zwiebelsuppe gegessen? Versuchen Sie sie. Da wird Ihnen das Wasser im Munde zusammenlaufen. Das sage ich Ihnen schon im voraus. Neben mir saß eine sehr hübsche junge Dame auf der Bank. Ihr Haar glänzte in der Sonne. Ihre Schönheit sprang in die Augen. Später sah ich sie wieder am Steuer ihres Wagens. Offenbar wohnte sie in Paris.

(2) **Wiederholung: Konjunktiv oder nicht?**

(vgl. 30 T., S. 197–199, 203 f., 236)

1) Je me souviens qu'il ... déjà dit cela une fois. 2) Il faut que tu (dire) la vérité. 3) Il me semble qu'elle (se tromper, Perf.). 4) Il semble qu'il (mentir). 5) Je souhaite que vous (venir). 6) Je veux que tu le (faire). 7) Je suis fâché que vous (avoir menti). 8) Il s'est réjoui que vous (être venu). 9) Je regrette beaucoup que tu ne (pouvoir) pas venir. 10) Je sais que je ne le (voir) plus. 11) Je crois qu'il (être venu). 12) Il est temps qu'il (venir). 13) Mon ami m'a écrit qu'il (être) malade. 14) Dis-lui qu'il m' (écrire). 15) Dis-lui que je ne (pouvoir) pas quitter la maison et qu'il (venir) me voir demain. 16) C'est le plus beau livre que je (avoir) jamais lu. 17) Je ne connais personne qui le (savoir). 18) Je doute qu'elle (être) partie. 19) Voilà un ami qui (être) fidèle. 20) Il est le seul ami qui me (être) fidèle. 21) Crois-tu qu'il (s'en repentir)? 22) Je cherche quelqu'un qui (avoir) une belle écriture. 23) Madame Dupont cherche une bonne qui (savoir) faire la cuisine. 24) Quoiqu'il (pleuvoir) il a fait une promenade. 25) Je viens sans qu'il le (savoir). 26) Je lui ai donné le livre afin qu'il le (lire). 27) Avant qu'il (venir), dis-lui qu'il (devoir) s'excuser. 28) Je suis heureux qu'il (vouloir) faire ce voyage. 29) Je crains qu'il ne (s'en aller). 30) Il est parti sans que nous (s'en apercevoir, Perf.).

(3) **Wiederholung: Relativpronomen**

(vgl. 30 T., S. 62, 96)

1) Voilà les livres . . il m'a envoyés. 2) Voilà ce . . je pense. 3) L'ami . . je pense, est parti. 4) C'est le criminel . . j'ai suivi. 5) C'est le docteur . . je vous ai parlé. 6) Gide est un écrivain

. . j'ai lu presque tous les livres. 7) C'est la femme sans . . je ne peux vivre. 8) Tu m'as donné une réponse . . je suis contente. 9) Voilà la composition . . je travaille depuis un an. 10) Voilà le dictionnaire à l'aide . . tu peux tout traduire. 11) Il t'offre une occasion . . tu dois profiter en tout cas. 12) Le docteur m'a proposé un traitement . . je n'attends rien. 13) C'est un développement . . je me suis attendu. 14) C'est une chose . . je n'ai pas pensé. 15) As-tu vu la femme avec . . je veux passer ma vie? 16) Je lui ai demandé . . il s'intéresse. 17) Tu parles d'un danger . . je ne me suis pas aperçu. 18) C'est exactement ce . . j'ai besoin. 19) Voilà la lettre . . je l'ai remerciée. 20) Il m'a raconté son voyage . . il se rappellera toujours. 21) C'est la rivière au bord . . nous avons habité. 22) Chaque fois . . il me voit, il me salue poliment. 23) La première fois . . il m'a vu, il a été surpris. 24) La jeune femme avec . . tu m'as vu, est mon amie. 25) La maison dans . . je vis, est située à l'est de Paris. 26) L'été pendant . . j'étais à Paris, était très chaud. 27) Les étrangers parmi . . se trouvent deux Françaises, sont arrivés hier matin. 28) C'est un jeune écrivain à l'avenir . . je crois. 29) Voilà le vitrail de l'église . . a été détruit pendant la guerre. 30) Dass. mit Bez. auf église.

TREIZIÈME LEÇON

La presse française

Les gens qui appartiennent à l'ancienne génération et qui ont connu un grand nombre de journaux parisiens réputés, doivent constater avec regret que peu de ces journaux paraissent encore aujourdhui, et que d'une façon générale il paraît de nos jours moins de journaux qu'entre la première et la seconde guerre mondiale. Le „Matin", le „Temps", „l'Ami du Peuple", „l'Intransigeant" ont disparu, journaux que tout Allemand intéressé connaissait vers les années 30, et auxquels on pouvait s'abonner dans toute ville allemande. Certes, de nouveaux noms ont apparu aujourd'hui sur le marché du journal, mais, loin d'augmenter, le nombre total de journaux édités a diminué d'une façon effrayante. Ainsi, dans son livre „La presse contemporaine", Henri Calvet écrit que le nombre de quotidiens non spécialisés était de 48 en 1914, contre 32 en 1939, 30 en février 1946, 14 en 1950, et que ce nombre est tombé à 11 en 1955. De plus: „dans la période toute proche de nous, quatre tentatives de lancement de nouveaux journaux ont échoué".

Naturellement, de nombreuses enquêtes ont été ouvertes afin de découvrir les raisons du déclin de la presse française. La radio en est-elle responsable, ou bien la télévision? L'augmentation des prix? Les enquêteurs ne le pensent pas, et leurs statistiques semblent démontrer qu'ils ont raison. Mais quelles sont alors les raisons de ce déclin? Calvet pense que la „tendance ancienne (qui dans les pays latins est particulièrement marquée) qui consiste à se passer de main en main le même journal, est de nouveau en usage." On pourrait aussi penser que le grand nombre de revues spécialisées, journaux sportifs, feuilles syndicales, revues de mode et la „presse du cœur" ont pu enlever une partie de la clientèle à la presse ordinaire. „Mais en fait, si l'on compare une nouvelle fois la consommation totale de papier-journal avec celle des temps passés, on constate à nouveau une décadence." „Mais peut-être la responsabilité incombe-t-elle aux années d'occupation, ou bien au caractère souvent byzantin des luttes politiques qui se sont déchaînées après la libération dans la presse française et qui ont peut-être déclenché une désaffection certaine pour la presse d'opinion." En étudiant ces idées, on en arrive obligatoirement à la conclusion qu'il est manifestement très difficile de découvrir les raisons décisives de ce déclin.

Dans le cadre de ce déclin général il est étonnant de constater que la presse de province, c'est-à-dire les grands journaux qui paraissent à Rennes, Lille, Lyon, Grenoble, Marseille, Toulouse, Bordeaux, ont gagné du terrain, tandis que la presse parisienne est devenue plus ou moins une presse régionale, qui aujourd'hui ne s'étend qu'à 150 km autour de Paris. Évidemment la presse parisienne n'a plus la grande importance nationale qu'elle détenait autrefois.

Vocabulaire

les gens m. Pl. Leute (gelegentl. *w.*)
appartenir à (an)gehören
ancien, ne hier: älter
réputé berühmt, geschätzt
doivent (3. Ps. Pl. Prs.) zu *devoir* müssen
le regret Bedauern
paraître erscheinen
la façon Art u. Weise
d'une façon générale (im)allgemein(en)
de nos jours heutzutage
l'époque f. Epoche
la guerre Krieg
le monde Welt
mondial, e weltweit, Welt-,
jusque bis
intransigeant, e unnachgiebig, unversöhnlich
disparaître verschwinden
vers (Präp.) gegen (etwa) um
s'abonner à abonnieren
certes (Adv.) gewiß, zwar
le marché Markt
loin de weit davon entfernt
augmenter vermehren, erhöhen
éditer herausgeben
diminuer vermindern, sinken
effrayant, e erschreckend
contemporain, e zeitgenössisch
le quotidien Tageszeitung
spécialiser spezialisieren
contre (Präp.) gegen
de plus darüber hinaus
proche nahe
la tentative Versuch
le lancement Werfen, Anwerfen, Start, Einführung
échouer versagen, scheitern
nombreux, se zahlreich
l'enquête f. Untersuchung
afin de um . . zu
découvrir entdecken
la raison Grund
le déclin Rückgang
responsable verantwortlich
la télévision Fernsehen
l'augmentation f. Zunahme, Erhöhung
le prix Preis
l'enquêteur m. Marktforscher
penser denken
la statistique Statistik
démontrer beweisen
avoir raison recht haben
la tendance Neigung, Tendenz
latin, e lateinisch, romanisch
particulier, ière besonderer, e
particulièrement besonders
marqué, e ausgeprägt
consister à beruhen auf
se passer sich reichen
être en usage Brauch sein

pourrait (Kondit.) könnte
revue spécialisée Fachzeitschrift
la feuille Blatt
syndical, e Gewerkschafts-,
le cœur Herz
enlever entführen
la clientèle Kundschaft
en fait in der Tat
comparer vergleichen
la consommation Verbrauch
le papier-journal Zeitungspapier
la décadence Rückgang
la responsabilité Verantwortung
incomber à j. zukommen, obliegen
l'occupation f. Besatzung
byzantin, e byzantinisch
la lutte Kampf
se déchaîner losbrechen
la libération Befreiung
déclencher auslösen
la désaffection Verlust der Zuneigung
l'opinion f. Meinung
étudier studieren
détenir besitzen, innehaben
arriver à ankommen, kommen zu
obligatoirement zwangsläufig
la conclusion Schluß
manifestement offenbar
décisif, ve entscheidend
l'étranger, ère Fremde(r)
l'avantage m. Vorteil
dernier, ère letzte(r)
s'informer de s. unterrichten über
important, e wichtig
nommer nennen

Grammaire

I. Zweigeschlechtigkeit von Substantiven

Les gens: m. oder w. Das Wort ist seinem Ursprung nach weiblich, wird heute aber allgemein männlich gebraucht, es sei denn, daß ein Adjektiv vorausgeht, das die m. und w. Formen hörbar unterscheidet:

les gens malheureux, tous les gens sont heureux;
tous les braves gens (brave hat für m. und w. die gleiche Form)

aber:

de bonnes gens, les petites gens, toutes les vieilles gens

In diesen Fällen bleibt auch das prädikativ gebrauchte Eigenschaftswort männlich:

Les bonnes gens étaient conten*ts*.

Andere zweigeschlechtige Wörter:
l'amour (Liebe) normalerweise männlich in Sgl. und Pl. Bisweilen in dichterischer Sprache im Sgl. oder meist im Pl. weiblich. Als w. Subst. oft auch im Pl. in der Bedeutung „Liebschaften"

l'après-midi (Nachmittag): m. oder w., die w. Form immer häufiger. Vgl. dementsprechend:

toute la journée, matinée, soirée

l'œuvre (Werk): weiblich. Gelegentl. als „Gesamtwerk" eines Autors m.:

l'œuvre entier de Goethe

Hingegen immer: *le chef-d'œuvre* Meisterstück, -werk

II. Bildung des Perfekts

a) Verben der Bewegung und reflexive Vb. bilden das Perfekt mit *être* (vgl. 30 T., S. 74, 130). Dabei handelt es sich nur um ganz bestimmte Verben der Bewegung, und zwar: *aller, venir, arriver, partir, demeurer, rester, entrer, sortir, naître, mourir, tomber, devenir, retourner, rentrer.*

Ausgeschlossen sind die Verben:

marcher:	j'ai marché	ich bin marschiert, zu Fuß gegangen
courir:	j'ai couru	ich bin gelaufen
suivre:	j'ai suivi	ich bin gefolgt
échouer:	j'ai échoué	ich bin gescheitert
fuir:	j'ai fui	ich bin geflohen
sauter:	j'ai sauté	ich bin gesprungen
disparaître:	j'ai disparu	ich bin verschwunden
(ap)paraître:	j'ai paru	ich bin erschienen

Ebenso werden mit *avoir* verbunden:

éclater ausbrechen
émigrer auswandern
envahir (m.Akk.) einfallen in
errer umherirren, irren
grimper klettern
nager schwimmen
patiner Schlittschuh laufen
pénétrer à eindringen, durchdringen
périr umkommen
reculer zurückweichen
réussir à gelingen
sauter springen
succéder à qn., qch. (im Amte) folgen, nachfolgen
succomber erliegen
voyager reisen

Paraître, apparaître und *disparaître* können indessen auch mit *être* verbunden werden. Dann bezeichnen die Formen nicht den Ablauf der Handlung, sondern den Endzustand:

je suis paru ich bin da *je suis disparu* ich bin weg

Dasselbe gilt für das Verbum changer:

elle a beaucoup changé sie hat sich sehr verändert
elle est toute changée sie ist sehr verändert (ganz anders)

b) Einen Wechsel im Gebrauch von *avoir* und *être* zeigen auch folgende Verben:

	intransitiv (être)	*transitiv (avoir)*
convenir	übereinkommen	passen
monter	steigen	hinaufbringen
descendre	hinuntergehen	hinunterbringen
rentrer	zurückkehren	einfahren
retourner	zurückkehren	wenden (umkehren)
sortir	hinausgehen	herausholen

Anm. Das Verbum *demeurer* = bleiben wird mit *être* verbunden, in der Bedeutung „wohnen“ mit *avoir*.

Dabei muß man stets an die verschiedene Veränderlichkeit der mit *avoir* oder *être* verbundenen Partizipien denken.

(1) **Exercice de traduction**

Sie ist in die Schule gegangen. Sie ist sehr schnell gelaufen. Sie sind auf die Straße hinuntergegangen. Wir sind gestern aus Frankreich zurückgekehrt. Er ist ihr heimlich gefolgt. Der Verbrecher war verschwunden, bevor man ihn greifen konnte. Sie ist gestern gestorben. Er ist gefallen und hat sich das Bein gebrochen (*se casser la jambe*). Wir sind zu Hause geblieben. Er hat das Geld aus der Tasche geholt. Er hat den Koffer hinuntergebracht, hinaufgebracht. Er ist Hals über Kopf (*précipitamment*) aus der Stadt geflohen. Das Eichhörnchen (*écureuil m.*) ist von Ast zu Ast (*la branche*) gesprungen. Sie ist durch das Fenster gesprungen. Er ist sehr reich geworden. Sie sind nach Frankreich abgereist. Wir sind in Deutschland geblieben. Wie lange sind Sie in Marseille geblieben? Wo hast du in Paris gewohnt? Er ist auf den Baum geklettert wie eine Katze. Es ist ihm gelungen, sie zu überzeugen. Er ist nicht einen Schritt (*d'un pas*) zurückgewichen. Die Bauern haben die Ernte eingefahren (*la récolte*). Der Krieg ist im Jahre 1939 ausgebrochen. Er ist den Folgen (*la suite*) seiner Verletzung (*la blessure*) erlegen. Die Tiere sind in den Flammen umgekommen. Er ist die ganze Nacht ziellos (*au hasard*) umhergeirrt. Die Feinde sind plötzlich in das Land eingefallen. Viele englische Puritaner (*puritain*) sind nach Amerika ausgewandert. Er ist lange im kalten Wasser geschwommen. Sie sind übereingekommen, zusammen zu reisen. Es hat uns nicht gepaßt, mit ihm zu reisen. Er ist in Paris geboren. Er ist seinem Vater auf dem Thron (nach)gefolgt. Die Worte sind bis auf den

Grund meines Herzens gedrungen. Er ist in seinem Examen gescheitert. Er ist drei Stunden marschiert.

Redewendungen

appartenir à l'ancienne génération der älteren Generation angehören
constater avec regret mit Bedauern feststellen
d'une façon générale im allgemeinen
de nos jours heutzutage, gegenwärtig
un journal paraît eine Zeitung erscheint
la première guerre mondiale der erste Weltkrieg
s'abonner à un journal eine Zeitung abonnieren
le marché du journal Zeitungsmarkt
d'une façon effrayante auf erschreckende Art
la tentative de lancement Versuch zu lancieren
ouvrir une enquête eine Untersuchung einleiten
l'augmentation des prix Preiserhöhung
passer qch. de main en main etwas von Hand zu Hand reichen
le journal sportif Sportzeitung
la feuille syndicale Gewerkschaftsblatt
la revue de mode Modezeitschrift
une nouvelle fois noch einmal
la consommation totale Gesamtverbrauch
une lutte se déchaîne ein Kampf entbrennt
déclencher une désaffection (pour) e. Abneigung auslösen
en arriver à la conclusion que zu dem Schluß kommen, daß
en tout cas auf jeden Fall
avoir l'avantage den Vorteil haben
s'informer de qch. sich über etwas unterrichten

(2) Wiederholung

Setzen Sie die einfachen Zeiten in die entsprechenden Zeiten der Vorvergangenheit, d. h. Präsens in Perfekt, Imperfekt in Plusquamperfekt, Futur I in Futur II:

Il se trompe; vous vous trompez; te trompais-tu?; vous vous tromperez; t'accoutumes-tu à ce travail?; vous vous souvenez de lui; il se plaindra; il s'en plaignait; il s'offrait à monter la valise; ils s'exercent; il s'y exercera; il s'empressait d'aller en ville; elle se dépêche de répondre à ta lettre; nous nous apprêterons à faire notre devoir; s'y décidera-t-il?; ne t'en repens-tu pas?; il ne s'en repent pas; pourquoi ne s'en repentent-ils pas?; la faute dont nous nous repentons, est grave; vous vous en réjouissez?; s'en réjouira-t-il?; ils se méfient de lui; se méfiait-il d'elle?; ils se moqueront de vous; te vengeais-tu d'eux?; te préparais-tu à ton examen?; s'en doutait-il?; ils se fâcheront de ton comportement; nous nous réveillions; l'oiseau s'échappera; s'en étonnait-il?; la cruche se cassait; les flammes s'éteignaient; t'en apercevais-tu?; la voiture s'arrêtait; il se couchera; se promènera-t-il?; il s'en étonnait; vous vous tairez.

QUATORZIÈME LEÇON

La France, pays des merveilles

Ce livre a pour tâche non seulement de familiariser le lecteur avec la langue française mais aussi de lui faire connaître la vie et la civilisation françaises. C'est pourquoi nous avons parlé de Paris et de ses habitants, de la cuisine et des vins de France qui jouent un si grand rôle dans ce pays, nous avons essayé de vous faire pénétrer, cher lecteur, les merveilles que sont les grandes cathédrales et les majestueux châteaux, mais combien c'est peu comparé à ce que la France offre de curiosités! Il est des personnes qui disent que seule la visite du Mont-Saint-Michel qu'on a appelé la „Merveille de l'Occident" vaut la peine d'aller en France. Situé sur un petit ilôt devant la côte normande, cette combinaison de forteresse et de cloître attire chaque année des milliers et des milliers de visiteurs qui sont charmés par l'atmosphère moyenâgeuse aussi profondément que par les splendides couchers de soleil ou la marée montante. Une fois en Normandie, on ne manquera pas d'aller à Deauville ou à Trouville, plages de luxe sur la Manche et qui sont le lieu rêvé des Parisiens pour le week-end. Mais on n'oubliera pas non plus de passer par Lisieux, qui est devenu par Sainte Thérèse un lieu de pèlerinage des plus connus en France.

Et quelle merveille que la Provence avec ses vestiges romains, c'est-à-dire les amphithéâtres, les arènes, les arcs de triomphe, les temples et les tombes qui sont les grandes curiosités d'Orange, d'Avignon, d'Arles, de Nîmes et d'autres villes provençales! Abstraction faite de l'atmosphère toute particulière par laquelle ce pays avec ses orangers, figuiers, oliviers et cyprès étonne le visiteur.

Et la côte d'Azur avec son doux climat, son ciel éternellement bleu, sa mer attirante, ses grandes promenades bordées de palmiers! Qui ne désirerait pas voir une fois dans sa vie les beautés de la nature méditerranéenne!

Et les Pyrénées avec leurs pics, leurs cascades, leurs rivières souterraines, leurs grottes, leurs sources, leurs stations thermales, leurs défilés et leurs belles vallées! Au cas où vous vous décidez, cher lecteur, à voyager si loin, n'oubliez pas de visiter la Cité de Carcassonne qui est encore un prodige de la France. Rien de plus curieux, de plus original que l'aspect de cette ville du Moyen Âge, avec sa double enceinte de fortifications, garnie d'une cinquantaine de tours rondes et dominée par un château fort. N'oubliez surtout pas de jouir des effets que produisent les innombrables projecteurs qui, le soir, illuminent cette „Cité" et qui vous laisseront un souvenir ineffaçable. - Et ne manquez pas non plus d'aller à Lourdes, le plus grand lieu de pèlerinage qui existe en France. C'est là que la Vierge a apparu à Bernadette, paysanne illettrée, lui ordonnant qu'on lui élevât un sanctuaire et qu'on y vînt prier en grand nombre. Ces apparitions ont donné lieu à la construction de plusieurs édifices, dont le plus récent, une gigantesque basilique souterraine, achevée en 1958, peut contenir 20 000 personnes.

Si vous aimez la mer, vous irez voir aussi l'océan Atlantique dont le caractère est si différent de celui de la Méditerranée. Visitez Biarritz et St.-Jean-de-Luz, et vous éprouverez toute la richesse que la France tient en réserve pour chaque visiteur.

Vocabulaire

la tâche Aufgabe
familiariser vertraut machen
la civilisation besser: Kultur
pénétrer durchdringen, eindringen
comparé à im Vergleich zu, mit
la curiosité Sehenswürdigkeit
il est es gibt
valoir la peine d. Mühe wert sein, s. lohnen
l'ilôt m. kl. Insel
la côte Küste
la combinaison Mischung
la forteresse Festung
le cloître Kloster
attirer anziehen, anlocken
chaque année jährlich
moyenâgeux, se mittelalterlich
le coucher de soleil Sonnenuntergang
la marée montante Flut
la Manche Ärmelkanal
le lieu rêvé erträumter Ort
le pèlerinage Pilgerfahrt
le lieu de pèlerinage Wallfahrtsort
le vestige Spur, Überrest
romain, e römisch
la tombe Grab, Gruft
provençal, e provenzalisch
abstraction faite abgesehen von
particulier, ère eigentümlich, außergewöhnlich
l'oranger Orangenbaum
le figuier Feigenbaum
l'olivier Olivenbaum
le cyprès Zypresse
étonner in Erstaunen setzen
bordé, e eingefaßt, umsäumt
le palmier Palme
méditerranéen, ne Mittelmeer-, mittelländisch
le pic Bergspitze
la cascade Wasserfall
la rivière Fluß, Strom
souterrain, e unterirdisch
la source Quelle
la station thermale Heilbad
le défilé Paß

la vallée Tal
la Cité Altstadt
le prodige Wunder
l'enceinte f. Einfriedung, Umwallung
la fortification Befestigung
garni, e de versehen, besetzt mit
dominé, e beherrscht von
le château fort Burg
jouir de qch. etw. genießen
le projecteur Scheinwerfer
ineffaçable unauslöschlich
la Vierge hl. Jungfrau
illettré, e ungebildet
élever errichten
le sanctuaire Heiligtum, Kirche
l'apparition f. Erscheinung
donner lieu à Anlaß geben zu
l'édifice m. Gebäude
récent, e jüngste(r), neueste(r)
achever vollenden
contenir fassen
éprouver empfinden, erleben
tenir en réserve bereithalten

Grammaire

I. Die Präpositionen de und par. Vgl.:

charmé par l'atmosphère
dominé par un château fort
bordées de palmiers
garnie d'une cinquantaine de tours

„Von" wird beim Passiv durch *par* übersetzt:

Henri IV. fut assassiné (ermordet) par Ravaillac en 1610. Le château fut bâti par Louis XIV.

Es findet sich jedoch auch die Präposition *de:*

La promenade est bordée de palmiers. La table est couverte d'une nappe.

Ja, es bestehen sogar beide Möglichkeiten nebeneinander:

Il était suivi *de* son chien. Elle était suivie *par* un homme.

Die Regel, die sich aus den Beispielen ergibt, ist folgende: *par* steht zur Kennzeichnung eines Handelns, einer Handlung, *de* zur Kennzeichnung eines „Zustandes", wodurch das Partizip den Wert eines Adjektivs bekommt. So erklärt es sich auch, daß Partizipien, wenn sie weniger eine Handlung als einen Zustand, ein Gefühl, bezeichnen, mit *de* verbunden werden. Diese Möglichkeit ergibt sich naturgemäß bei Verben, die ein Gefühl ausdrücken:

aimé de, regretté de, haï de, respecté de, loué de, blâmé de, menacé de, ébloui de (geblendet von), *détesté de* (verabscheut von).

Doch ist bei diesen Verben auch *par* möglich, wenn die Handlung im Vordergrund steht. Dasselbe gilt auch für solche

Partizipien, bei denen die zuständliche Vorstellung vorherrscht:

suivi de, accompagné de, entouré de, précédé de, vu de, assisté de, abandonné de, entendu de, connu de, couvert de, rempli de.

II. faire faire qch. à qn. = jd. etw. tun lassen. Vgl.:

mais aussi de *lui* faire connaître *la vie et la civilisation*

Jemanden etw. tun lassen (veranlassen) verlangt im Deutschen den doppelten Akkusativ. Wie das Beispiel zeigt, steht im Frz. die Person im Dativ, während die Sache als Akkusativ erscheint:

je *fais* écrire *les enfants* = ich lasse die Kinder schreiben
je *les fais* écrire = ich lasse sie schreiben
je fais *écrire un exercice* = ich lasse eine Übung schreiben
je *le fais* écrire = ich lasse sie schreiben
je fais écrire *aux enfants un exercice* = ich lasse die Kinder eine Übung schreiben
je *leur* fais écrire *un exercice* = ich lasse sie eine Übung schreiben
je *le leur* fais écrire = ich lasse sie sie schreiben

In jedem Falle stehen die Pronomen vor der konjugierten Form von *faire*. Kommt nur ein Akkusativ vor, so bleibt er erhalten, ganz gleich, ob er die Person oder die Sache darstellt. Kommen Person und Sache gleichzeitig vor, so tritt die Person stets in den Dativ, ohne Rücksicht darauf, ob sie als Substantiv oder Pronomen erscheint.

Das Verbum laisser + Infinitiv läßt sowohl den Dativ als auch den Akkusativ der Person zu. Dabei gilt es besonders, die Stellung des Substantivs der Person zu beachten:

Je laisse mon fils prendre une photo = je laisse prendre une photo à mon fils. Je le laisse prendre une photo = je lui laisse prendre une photo

III. Verben mit doppeltem Akkusativ (a) = sog. **faktitive Verben,** Verben des „Machens zu etwas", und **Verben mit Akkusativ + präposit. Akkus.** (b):

Je l'ai toujours *cru mon ami.* Ich habe ihn immer *für* meinen Freund gehalten. Le chancelier le *fit (nomma, créa) ministre* des affaires étrangères. La nation *proclama* de Gaulle président de la République française.

a) Verben, die den doppelten Akkusativ regieren:

couronner krönen zu	élire (aus)wählen zu
créer ernennen zu	croire } halten für,
nommer ernennen zu	juger } ansehen als

déclarer erklären für
faire machen zu (mit Subst.)
rendre machen (mit Adj.)
proclamer ausrufen als
promouvoir befördern zu, ernennen zu
se montrer sich zeigen als, sich erweisen als
instituer einsetzen als, zu
se sentir sich fühlen als
s'appeler sich nennen
appeler nennen

b) Verben, die den Akkusativ + präpositionalen Akkusativ regieren:

avoir pour haben zu, als
agir en handeln als
choisir pour wählen zu, als (nichtpolit.)
compter comme zählen als
considérer comme } ansehen als
regarder comme } ansehen als
passer pour gelten als
prendre pour (irrtümlich) halten für
reconnaître pour (comme) anerkennen als
tenir pour halten für
traiter de bezeichnen als (schelten, schimpfen)
traiter en behandeln als

(1 – 3) **Traduction**

(1) Das Brot wird vom Bäcker verkauft. Die Mauer wurde von dem Maurer repariert (*le maçon*). Der Kinderwagen wurde vom Vater geschoben. Der Befehl wurde vom General gegeben. Sie wurde von einem Räuber verfolgt. Die Stadt ist von Mauern umgeben. Der Lehrer wird von den Schülern geachtet. Der Schüler wurde vom Lehrer gelobt. Das Mädchen wurde von ihrem Freund begleitet. Die Schuhe sind staubbedeckt. Das Glas ist mit Wasser angefüllt. Der Doktor, von seiner Schwester assistiert, bandagierte den Kranken (*faire le bandage de*). Von einem Zug gefolgt, begab sich der Präsident zum Triumphbogen. Von seinem Sohn begleitet, besuchte er das Museum. Er ist, von allen geliebt, gestorben. Von Sonne geblendet, blinzelte er (*cligner des yeux*). Von allen gehaßt, wurde er ins Gefängnis gesteckt. Wir werden von einem Unglück bedroht.

(2) Frau Dupont hat sich ein Kostüm machen lassen. Der Chef hat den Angestellten in sein Büro kommen lassen. Er hat ihn einen Brief lesen lassen. Darauf hat er den Angestellten eine Antwort schreiben lassen. Er läßt sie ihn schreiben. Er hat den Angestellten eine Zigarette rauchen lassen. Er läßt ihn sie rauchen. Der Lehrer läßt die Schüler den Text lesen. Der Lehrer läßt sie den Text lesen. Der Lehrer hat sie ihn lesen lassen. Die Eltern haben ihre Kinder den Film sehen lassen. Die Eltern haben sie den Film sehen lassen. Die Eltern haben sie ihn sehen lassen.

(3) Er hat mich immer für seinen Feind gehalten. Die Direktion hat ihn zum Chef der Abteilung (*rayon*) ernannt. Ich werde ihn zu meinem Begleiter machen. Er hat sie sehr glücklich gemacht. Er nennt sich einen Freund der Tiere und behandelt seinen Hund wie ein Ungeheuer, keineswegs wie einen Freund. Ich habe ihn als meinen Erben eingesetzt. Er hat sich zum Verteidiger der Armen gemacht (eingesetzt). Er sieht die Angelegenheit als beendet an. Ich halte das Geld für verloren. Er hat sich als sehr liebenswürdig erwiesen. Er gilt als Autor dieses Werkes. Ich kann ihn nicht als meinen Freund anerkennen. Ich hatte ihn für einen Mann von Geist gehalten, jetzt kann ich ihn nur noch als Dummkopf bezeichnen, ich erkläre ihn sogar für verrückt, obwohl man ihn zum Bürochef gewählt hat.

QUINZIÈME LEÇON

La France, pays de la variété

Quel pays que la France! Que l'on regarde la carte! Au nord, deux mers; à l'ouest, l'océan Atlantique; au sud, la mer Méditerranée. Au sud, les Pyrénées forment la frontière entre la France et l'Espagne; à l'est, les Alpes, avec le massif du Mont Blanc, le Jura, les Vosges. Au nord, le brouillard, l'humidité, la pluie et la neige; au sud, un ciel clair et bleu pendant des semaines, la sécheresse, une chaleur ardente, un vent glacial et un soleil brûlant! Champs fertils et steppes calcinées (ausgebrannt), montagnes et plaines, forêts et rochers nus, glaciers et rizières. D'un côté des cultures de blé et de betteraves, de l'autre du vin, des olives, des pêches, des oranges et des palmiers. Paris et la province! Il y a en Allemagne deux douzaines de villes comptant plus de trois cent mille habitants, et il n'y en a que trois en France! La France, pays de l'agriculture et de l'industrie, des usines, des mines et d'innombrables petites exploitations agricoles, des barrages et des menhirs, des châteaux fastueux et des cabanes misérables, des palais et des mansardes, des grands hommes blonds et des petites silhouettes brunes, des grands gestes et de la solitude tranquille, du pathos et de la modestie, le pays de la révolution et du confort tranquille, le pays du progrès et de la vie bourgeoise, le pays de la plus difficile épreuve cycliste et des courses de taureaux, la France, pays de l'individualisme et de l'esprit collectif. La France, pays des cathédrales et de l'existentialisme, pays de Descartes et de Bernadette de Lourdes, des grands architectes, des philosophes, des poètes, des écrivains, des peintres et des musiciens.

La France: quel réservoir de force spirituelle, qui n'a jamais cessé de féconder l'Europe, jusqu'à nos jours. Quelles pièces joue-t-on le plus souvent sur les scènes européennes? Anouilh, Giraudoux, Sartre. Et tous les autres artistes internationalement connus, dans quelque domaine que ce soit, ont tous fréquenté l'école de la France où ils se sont formés et où ils ont puisé leur inspiration. Avant tout, c'est une formation qu'ils y ont trouvée. Non seulement la France avait, et a encore, la force de donner à tous les éléments divers qui différencient son propre peuple, une forme qui sert à l'unifier, mais encore, et dans le même temps, d'influencer et de former profondément tous les étrangers qui sont venus à elle dans la détresse de leur âme désespérée.

Vocabulaire

la frontière Grenze
le brouillard Nebel
l'humidité f. Feuchtigkeit
la sécheresse Trockenheit
ardent, e brennend
glacial, e eisig
fertil, e fruchtbar
la steppe f. Steppe
calciner brennen, ausglühen
le glacier Gletscher
la rizière f. Reisfeld
le blé Getreide
la betterave f. Rübe
la pêche Pfirsich
le palmier Palme
la mine Bergwerk
l'exploitation agricole f. landwirtschaftl. Betrieb
le barrage Talsperre
le menhir (mänir) Menhir (aufgerichteter Stein)
fastueux, se prunkvoll
la cabane Hütte
la silhouette Gestalt, Figur
la solitude Einsamkeit
le pathos (-os) Pathos, geschwollene Rede
la modestie Bescheidenheit
le confort Bequemlichkeit
l'épreuve f. Wettkampf
l'épreuve cycliste Radrennen
la course de taureaux Stierkampf
le peintre Maler
la force Kraft
féconder befruchten
la pièce Theaterstück
puiser schöpfen
différencier unterscheiden
unifier vereinen
influencer beeinflussen
la détresse Not
désespéré, e verzweifelt
l'âme f. Seele

Grammaire

I. Gebrauch des bestimmten Artikels. Vgl.:

Quel pays que *la* France! Was für ein Land, dieses Frankreich! Au nord, le brouillard, l'humidité, la pluie et la neige! Les Pyrénées forment la frontière entre la France et l'Espagne. – Champs fertiles et steppes calcinées, montagnes et plaines, forêts et rochers nus, glaciers et rizières. *La France, pays* de l'agriculture et de l'industrie ... *le pays* de la révolution et du confort tranquille, le pays du progrès et de la vie bourgeoise – la France, pays de l'individualisme et de l'esprit collectif – la France qui n'a jamais cessé de féconder l'Europe.

Wie diese Beispiele zeigen und wie Sie, lieber Leser, der Sie sich bis hierher durchgearbeitet haben, mehrfach feststellen konnten, deckt sich der Gebrauch des Artikels im Frz. und Dt. keineswegs so, wie es die Anfangslektionen erwarten ließen. Die Unterschiede sind so erheblich, daß jede Grammatik mehrere Seiten benötigt, um alle Einzelheiten zu erfassen. Da vieles davon jedoch schon in Ihren festen sprachlichen Besitz übergegangen sein dürfte (vgl. la France, l'Allemagne), soll hier nur auf einige für den Gebrauch des Artikels wesentliche Merkmale eingegangen werden.

1) Der frz. Artikel ist aus dem lateinischen hinweisenden Fürwort (Demonstrativpronomen) entstanden. Diese ursprüngliche Funktion ist noch in verschiedenen Wendungen erhalten:

a) *de la sorte* auf diese Weise
à l'instant (noch) in diesem Augenblick
à la fois auf einmal (bei diesem Mal)
toute à l'heure soeben (noch in diesem Augenblick)

b) *Le pauvre homme!* Dieser Arme!
Le monstre! Dieses Ungeheuer!
Oh, la belle fleur! Was für eine schöne Blume!
Venez, les enfants! Kommt, ihr Kinder da!

2) Die Apposition:
la France, pays des cathédrales, pays des châteaux
la France, le pays de la révolution, le pays du progrès

In Lektion 11 wurde bereits von der Apposition gesprochen, und es wurden die Fälle genannt, in denen der Artikel gesetzt wird. Damit ist jedoch das Problem nicht erschöpft, wie die Beispiele *la France, pays* und *la France, le pays* zeigen. Die Verwendung der einen oder anderen Möglichkeit oder auch des unbestimmten Artikels hängt nämlich ganz davon ab, was man sagen will. Soll das Verhältnis der Apposition zum Beziehungswort als bekannt vorausgesetzt werden, so nimmt man den best. Artikel; liegt eine neue Mitteilung vor, so steht der unbest. Artikel, und will man nur das Verhältnis als solches kennzeichnen, entfällt jeder Artikel. So kann man also sagen:

Voltaire, ami de Frédéric, a vécu à Potsdam.
Voltaire, l'ami de Frédéric, a vécu à Potsdam.
Voltaire, un ami de Frédéric, a vécu à Potsdam.

3) Bei lebhafter Aufzählung kann der Artikel entfallen:
Champs fertils et steppes calcinées, montagnes et plaines,

er kann jedoch auch gesetzt werden und wird dann gewöhnlich vom Sprecher so stark akzentuiert, daß das folgende Hauptwort schwachtonig wird:

Au nord, le brouillard, l'humidité, la pluie et la neige.

4) Bezüglich der Verwendung des best. Artikels bei Stoffnamen vgl. Lektion 1, I:
L'or est un métal précieux.

II. Veränderlichkeit des Partizips. Wiederholung (vgl. 30 T., S. 74, 132 f.):

Ils ont fréquenté l'école de la France.
Ils se sont formés.
C'est une formation qu'ils y ont trouvée.
Les étrangers sont venus dans la détresse de leur âme désespérée.

III. Bedingungssätze mit si. Wiederholung (vgl. 30 T., S. 171, 177):

S'il fait beau temps, nous ferons une promenade.
S'il faisait beau temps, nous ferions une promenade.
S'il avait fait beau temps, nous aurions fait une promenade.

(1) Traduction

Die Romane, die du mir geliehen hast, haben mir nicht gefallen. Die Bücher, die ich gekauft habe, waren sehr teuer. Das Kleid, das (sich) Frau Dupont gekauft hat, war billig. Sie sind fortgegangen. Sie hat sich geirrt. Welche Romane hast du gelesen? Hast du sie gelesen? Der Brief, den er mir geschrieben hat, hat mich sehr enttäuscht (*désabuser, désillusioner*). Hast du ihn schon gelesen? Sie hat es nicht bereut, uns empfangen zu haben. Die Vorschläge, die er mir gemacht hat, waren gut. Sie haben sich Beleidigungen (*l'injure, f.*) gesagt. Die Beleidigungen, die sie sich gesagt haben, waren hart (*rude*). Wieviel Bilder hat er verkauft? Die Bilder, die mein Onkel gekauft hat, haben mir sehr gefallen. Hast du sie schon gesehen? Die Freundin ist abgereist. Wann hast du sie das letzte Mal gesehen? Ich bin ihr vor acht Tagen zum letzten Male begegnet. Ich habe sie auf der Straße gesehen und bin ihr gefolgt. Ich habe ihr für ihren Brief gedankt. Widersprich ihr nicht immer! Ich habe ihr nicht widersprochen. Ich habe ihr ruhig zugehört. Dann habe ich ihr geraten, sich bei ihrem Freund zu entschuldigen. Ich habe ihr geholfen, so gut ich konnte. Dann ist das Mädchen eingetreten, nach dem sie geläutet hatte, und wir sind geflüchtet. Wir haben uns vor ihr gefürchtet.

(2–3) Wiederholung

(2) S'il s'excuse je lui (pardonner). S'il dit la vérité je (*le* od. *lui?*) (aider). Si tu (se repentir de) je te (croire). Si je la vois je la (saluer). S'il me répond je lui (écrire). Si tu (*la* od. *lui?*) remercies de sa lettre elle (venir). Si tu es fidèle elle (tenir) sa promesse.

(3) Bilden Sie die 1. Person des Futurums I folgender Verben: aller, s'asseoir, boire, courir, craindre, cueillir, écrire, envoyer, faire, falloir, mourir, pleuvoir, savoir, tenir, valoir, voir, vouloir, venir, être, avoir.

Lösungen der Übersetzungs- und Wiederholungsaufgaben

Lektion 1:

(1) Nous nous lavons avec du savon. Le savon sert à nettoyer le corps. Désirez-vous, demande le garçon, du fromage ou des fruits comme dessert? Du fromage, garçon! Lorsque j'ai le choix, je bois du vin rouge plutôt que du vin blanc. Moi, je préfère le vin blanc, car le vin rouge fatigue facilement. Le vent d'ouest apporte souvent la pluie, le vent d'est la sécheresse. Le lait, le beurre, le fromage, la viande et les œufs sont des produits de l'élevage du bétail, les cerises, les poires, les pommes et les prunes sont des produits de l'arboriculture fruitière. Les cerises mûrissent déjà en mai, les prunes seulement en automne. L'argent ne fait pas le bonheur. Il a, il est vrai, de l'argent, et pourtant il n'est pas heureux. Les docteurs disent que le tabac est plus nuisible pour le cœur que l'alcool. En petite quantité, l'alcool peut être une médecine. La moûtarde sert à assaisonner la viande grasse. Aimez-vous fumer la pipe? Non, Monsieur, je préfère les cigarettes. Depuis hier il a le téléphone.

(2 - 4) Nous avons bu du bon vin. Il aime fumer du tabac brun, je préfère le tabac blond. Il a acheté de la belle soie pour sa femme. C'est de la fausse monnaie. Les petits enfants jouent dans la rue, les grands doivent travailler pour l'école. Il m'a donné des conseils utiles. Les Dupont sont de braves gens. Il doit acheter de nouveaux cahiers et livres. Dans le jardin il y a de belles fleurs. Il ramena des nouvelles terribles. De nombreux spectateurs saluèrent les équipes. De hautes murailles entourent la ville. Des animaux sauvages attaquèrent les explorateurs. Des tempêtes terribles dévastèrent le pays. Il a des projets si phantastiques qu'il pourra à peine les réaliser. Il a acheté des petits pains. Il m'a fait des reproches injustifiés. Il donne toujours des réponses surprenantes. Il s'y connaît pour raconter de bonnes blagues. Dans le jardin, il y a des arbres verts et de belles fleurs.

(5) Plusieurs maisons furent détruites. Différentes personnes ont acheté ce livre. Il emploie différents moyens pour réussir. Il a parlé à différentes personnes. Ce mot a plusieurs sens. Je le lui ai dit à maintes reprises. Il a montré sa capacité en maintes occasions. Je peux te prêter quelques livres. Il ne comprend pas certaines choses. Il y a quelques mots que je ne peux pas traduire. Il y a certaines constructions en français qui ne sont pas faciles à traduire.

(6) Mon ami est sans cesse par monts et par vaux. Il va toujours à la découverte de quelque chose. Il s'intéresse tout particulièrement à l'histoire. C'est pourquoi il ne se lasse pas de fouiller parmi les livres. Il emploie son temps à se promener de bon matin; à ce moment de la journée la brume plane au-dessus de la Seine. Suivant le conseil de son professeur, il fouille tous les étalages des bouquinistes qui se suivent à la queue leu-leu. Parfois il consacre quelques heures à feuilleter les livres et souvent il écarquille les yeux quand il trouve un trésor. Il m'a conseillé d'y aller aussi. Je l'ai remercié de son conseil.

Lektion 2:

(1) Il a passé une vingtaine de jours en France. Il rentrera dans une quinzaine de jours. Dans la classe il y a une vingtaine d'élèves. Je le reverrai dans une huitaine de jours. Dans la bibliothèque il y a plusieurs milliers de livres. Je l'ai vu pour la dernière fois, il y a quinze jours. La réunion fut fréquentée par une centaine de personnes. Elle a acheté une douzaine d'œufs. Des centaines d'hommes applaudissaient. Des milliers de spectateurs assistèrent à la partie de football. La masse se portait au stade par milliers.

(2) Il me demanda comment je m'appelais. Écris-moi, comment tu vas. Comment trouves-tu ce livre? Comment avez-vous passé les vacances? Comment veux-tu lui annoncer la nouvelle? Comment le chapeau me va-t-il? Sais-tu, comment il va? Montre-moi, comment tu as fait cela! Comme c'est drôle! Comme vous êtes resté longtemps! Comme vous êtes bon! Comme ils sont peu! Comme il fait sombre! Tu sais, comme il m'a trompé. Je sais, comme il est gentil. J'ai vu, comme il est assidu. Je n'ai pas besoin de vous dire, combien il souffre. Combien j'aime la nature! Combien je vous suis reconnaissant(e) de m'avoir aidé! Je ne saurais vous dire, combien je vous suis reconnaisant(e) que vous soyez venu. On ne croirait pas, combien c'est agréable. Combien nous sommes heureux de pouvoir vous assister!
Faites comme moi! Il a rugi comme un lion. Faites comme chez vous! Comme je l'ai prévu, il est trop tard maintenant. Comme vous le voyez, j'ai eu raison. Comme je l'ai dit tout à l'heure, il ne rentrera plus. Faites comme je dis. Il a agi comme les circonstances l'exigeaient.
Je ne sais pas combien il gagne. Sais-tu, combien de fautes il a

faites? Combien de fois as-tu été en France? Combien de temps cela durera-t-il? Cela fait combien?

(3) M. L. est un homme qui a une grosse situation. Au volant de sa voiture, il fait preuve d'une grande attention. Avec grand intérêt il prend part à la vie intellectuelle. Souvent il fréquente les expositions qui, le dimanche, grouillent de monde. Parfois il va se promener dans les jardins publics avec ses enfants qui y sont de véritables rois. Le dimanche, tous les hommes se conduisent naturellement et ont l'air insouciant. Lorsqu'on veut pénétrer l'âme d'une nation, il faut se mêler au peuple et faire la connaissance de nombreuses personnes. Souvent il faut faire la queue devant les cinémas, lorsqu'on veut avoir un billet d'entrée. N'as-tu pas envie de mettre du calme dans le désordre? Regardez comme le monsieur pousse la voiture d'enfant! Il dévore un journal et il est loin de se soucier de l'enfant. De temps en temps seulement il jette un coup d'œil sur le bébé. Oh, les pères!

Lektion 3:

(1) Des quartiers inconnus, la conception grandiose, une immense fourmilière, le ventre insatiable de Paris, la célèbre soupe à l'oignon, une petite voiture à bras, la population laborieuse, une inextricable mêlée, les différences sociales, la haute société, l'homme le plus modeste, un homme à la grosse situation, une grande attention, la vie intellectuelle, les jardins publics, de véritables rois, un poisson minuscule, les couleurs inoubliables, la seule façon, l'air insouciant.
L'extraordinaire aventure, le long voyage, la fenêtre ouverte, l'eau courante, le petit déjeuner, le bon appétit, un paysage magnifique, les quartiers neufs de la ville, la silhouette bleue, de petites tables rondes, en robes légères, beaucoup de jeunes gens, la bonne humeur, un petit logement, une jeune fille gracieuse, l'excellente cuisine, le principal repas de la journée, une famille amie, la cuisine française, une cigarette blonde, pendant la belle saison, un paysage paisible, le moment le plus dramatique.

(2) Cette jeune fille vient de Toulouse. J'ai passé la dernière semaine de mes vacances à la maison. Le dernier mois de l'année est décembre. Je l'ai rencontré dimanche dernier. La semaine dernière j'étais au théâtre. C'est un de mes anciens camarades d'école. Il appartient à une famille ancienne, mais

pauvre. Cette coutume ancienne existe déjà depuis longtemps. Il a acheté une belle lampe ancienne. C'est un ancien officier. Elle a conservé son ancienne beauté. Donnez-moi un nouveau livre. Il a commencé une vie nouvelle. L'Amérique est appelée aussi le Nouveau Monde. La nouvelle année commence le 1er janvier. C'est un livre nouveau, une mode nouvelle, du vin nouveau. Des pommes de terre nouvelles. Un habit nouveau. Un homme pauvre n'a pas d'argent. Nous devons aider ces pauvres gens. Je l'ai vu de mes propres yeux. Il porte toujours des chemises propres.

(3) À Paris il y a beaucoup de (bien des) galeries de tableaux. Chaque matin les trains de banlieue amènent beaucoup de gens à Paris. Il a bu un verre de vin dans un verre à eau. Le garçon dit: „Aujourd'hui je peux recommander notre soupe à l'oignon." Dans toutes les capitales du monde il y a des boîtes de nuit. Pendant la guerre les hommes étaient heureux d'avoir une voiture à bras. Notre appartement a deux chambres d'ami et une chambre de bonne. Récemment ma femme a acheté une robe d'été. Chaque école a une salle de dessin, une salle de physique, une salle de chimie et une salle de biologie. Il a pris une cuillère à café au lieu d'une cuillère à soupe. Mon ami voulait avoir une bouteille à vin, mais on lui apporta une bouteille de vin. Dans ce cas, dit-il, il me faut un tire-bouchon.

Lektion 4:

(1) Je ne peux pas le voir. Peux-tu le voir? Il ne veut pas me voir. Nous n'avons pas voulu le voir. Il devait faire le travail, il devait le faire. Il doit apprendre la leçon, il doit l'apprendre. La vois-tu venir? Je ne la vois pas venir. Je le sens approcher. Il me faisait attendre. T'a-t-il entendu venir? Nous le verrons venir. Je le ferai venir. Le ferez-vous venir? Il a dû le faire tout seul. A-t-il pu te voir? Il devra le faire. Nous a-t-il entendus venir? Fais-le venir! Ne le fais pas entrer, ne le laisse pas entrer! Peux-tu le lui dire? Je devrai le lui écrire. Il veut nous les envoyer. Je pourrai vous l'envoyer, je devrai vous l'envoyer. Avez-vous pu le lire? Je ne saurais vous le dire.

(2) Elle alla au jardin pour cueillir des fleurs. Elle alla en Angleterre pour apprendre l'anglais. Elle est en France pour étudier la langue française. Il se mit au bureau afin d'écrire une lettre. Il est trop fier pour avouer son tort. Sans dire un

mot, il quitta la maison. Sans m'avoir demandé, elle avait acheté la bague. Au lieu de travailler, il alla au cinéma. Au lieu de me demander, il agit de son propre chef. Au lieu de dormir, il lisait au lit. Je me coucherai tôt le soir, de manière à être frais le matin. Prononcez le mot distinctement, de façon à être compris. Il parlait haut de façon à être entendu de tous. Il répondit après avoir réfléchi un moment. Après m'avoir interrogé, il décida de suivre mon conseil. Après être arrivé à Paris, il se rendit à l'hôtel. Après être arrivés à Paris, ils se rendirent à l'hôtel. Après s'être accoutumée au travail, elle allait volontiers au bureau. Après s'être mise au travail, elle trouva qu'il était plus facile qu'elle ne l'avait supposé. Il réfléchit avant de parler. Il frappa à la porte avant d'entrer. Avant de venir, il me téléphona. Un homme ne peut pas raisonner ainsi, à moins d'être fou. Elle commença par rire, elle finit par pleurer. Commençons par lire, ensuite nous poserons des questions. À le croire, il ne se trompe jamais. À le voir, on le prendrait pour un criminel. À vrai dire, je n'ai pas lu le livre.

(3) Il ne savait pas comment répondre. Il ne savait pas que répondre. Il n'y a pas de quoi me remercier. Donnez-moi de quoi écrire. Je ne sais pas par où commencer. Comment faire? Que dire? Par où commencer? De quoi le remercier?

(4) je pars, n. partons, je finis, n. finissons; j'obéis, n. obéissons; je sors, n. sortons; je saisis, n. saisissons; je franchis, n. franchissons; je sens, n. sentons; je dors, n. dormons; je hais, nous haïssons; j'ouvre, n. ouvrons; je sers, n. servons; je cueille, n. cueillons; je réussis, n. réussissons; je me repens, n. n. repentons; je remplis, n. remplissons; j'agis, n. agissons; j'affranchis, n. affranchissons; je découvre, n. découvrons; j'offre, n. offrons; je consens, n. consentons; je m'endors, n. n. endormons; je dessers, n. desservons; je pressens, n. pressentons; je répartis, n. répartissons; je repars, n. repartons; je couvre, n. couvrons; je souffre, n. souffrons; je recouvre, n. recouvrons.

Lektion 5:

(1) Il travaille ardemment, étonnamment, constamment, prudemment, négligemment, assidûment. Il agit aveuglément. Il apprend mal, bien, peu, beaucoup, plus que toi, le plus. Il parle confusément. Ils jouent communément. Cela me touche profondément. J'agirai conformément. Êtes-vous couché commodément? Je lui répondrai dûment. Il va bien. Nous allons

mal. Ils vont mieux que nous. Il attendra patiemment. Vraiment, c'est une bonne réponse. Il répond toujours poliment. Il parle négligemment. Les élèves font leurs devoirs soigneusement. Le professeur punira les élèves sévèrement. Il écouta patiemment. Elle s'habille toujours élégamment. Il agissait cruellement. Elle parle mal de toi. Il ne comprend absolument rien. Décidément il a tort. Elle n'agit jamais obstinément. Il travaille énormément. Il écrit mieux, plus mal que toi. Il travaille plus que toi, moins que toi. Il travaille le plus, le moins de tous. Il espère ardemment qu'il fera beau demain. On ne va pas impunément à une telle vitesse. Elle se conduit gentiment. Heureusement il est venu. Malheureusement, il a perdu tout son argent. Il est extraordinairement (extrêmement) assidu. Il dit gravement: „Tu dois travailler plus diligemment, plus assidûment." Il marcha plus lentement que moi. Charles courut le plus vite. Monsieur Dupont lit beaucoup, Mme Dupont ne lit pas autant que son mari. Pierre travaille aussi assidûment que Monique. Elle apprend moins assidûment que lui. Elle joue du piano moins diligemment.

(2) Immerhin kennen wir die Wahrheit. Außerdem, immerhin hat er es gesagt. Vielleicht ist er gekommen. Kaum liegen sie im Bett, da ruft sie das Telefon. Vergeblich beteuerte der Schüler seine Unschuld. Wenigstens hat er es gesagt. Ohne Zweifel weiß er nicht, was er spricht. Wahrscheinlich hat er es selber nicht geglaubt. So sprach er zu sich selbst.

(3) j'achète, n. achetons, ils achètent, j'achèterai; je pèse, n. pesons, ils pèsent, je pèserai; j'appelle, n. appelons, ils appellent, j'appellerai; j'épelle, n. épelons, ils épellent, j'épellerai; j'attelle, n. attelons, ils attellent, j'attellerai; j'amène, n. amenons, ils amènent, j'amènerai; je cèle, n. celons, ils cèlent, je cèlerai; je lève, n. levons, ils lèvent, je lèverai; je me rappelle, n. n. rappelons, ils se rappellent, je me rappellerai.
j'espère, n. espérons, ils espèrent, j'espérerai; je règne, n. régnons, ils règnent, je régnerai; je cède, n. cédons, ils cèdent, je céderai; je répète, n. répétons, ils répètent, je répéterai; je possède, n. possédons, ils possèdent, je posséderai.
j'emploie, n. employons, ils emploient, j'emploierai; je nettoie, n. nettoyons, ils nettoient, je nettoierai; je m'ennuie, n. n. ennuyons, ils s'ennuient, je m'ennuierai; je m'essuie, n. n. essuyons, ils s'essuient, je m'essuierai; je paie – je paye, nous payons, ils paient – ils payent, je paierai – je payerai.

Lektion 6:

(1) „Ma chère", dit le mari, „ce chapeau coûte très cher." – „Pourquoi?" demanda sa femme. „Je l'ai pourtant acheté à bon marché." – „Il te faudra payer cher pour cela", répliqua-t-il. – „Ne parle pas si haut", dit sa femme en l'interrompant. – „Je peux parler aussi haut ou aussi bas que je veux", gronda le maître de maison. „Je ne gagne pas gros, je dois travailler dur pour gagner mon argent." – Le lendemain le mari apporta à sa femme de merveilleuses roses rouges. „Comme elles sentent bon!" s'écria-t-elle. „D'ailleurs j'ai deviné juste." – „Qu'as-tu deviné juste?" – „Je savais", dit-elle, „que tu ne refuserais pas net ma demande." – „Dans cette affaire je ne vois pas clair", répondit-il, „évidemment je ne peux pas penser juste." – „Je ne sais pas ce qui sonne faux. En tout cas je crois ferme que tu es le meilleur mari du monde." – „Merci bien, cette fois tu as deviné juste", dit-il.

(2) J'ai achevé de lire le roman. Il achève de me convaincre. Il a manqué de tomber, il a failli tomber. Il ne tardera pas à venir te voir. Il ne tardera pas à t'écrire. Il vient de partir. Nous venons de le voir. Merci, je viens de manger. Il vient de me demander si je voulais aller avec lui en France. J'espère qu'il tiendra sa promesse. J'espère que tu n'en as pas trop dit. J'espère que tu ne te trompes pas. Il ne cessera pas, s'il veut ou non, de récidiver. J'aime mieux rester à la maison et continuer à travailler. Il commença par fumer, il finit par tousser. Il a beau chercher sa bague, il ne la retrouvera plus. On sait que la France exporte beaucoup de vin. On suppose qu'il a tout emporté. M. Lebrun vient de s'en aller, mais il ne tardera pas à revenir. Les élèves n'aiment pas faire leurs devoirs. L'abus de l'alcool acheva de ruiner sa santé. Tu as beau écrire, il ne te répondra pas. On sait que Corneille est né à Rouen. Il a failli (il a manqué de) se faire écraser par une auto.

(3) Le livre me plaît beaucoup (fort, bien). Son comportement me déplaît beaucoup. Ce livre m'intéresse beaucoup (fort, bien). On s'est beaucoup amusé, il s'est beaucoup ennuyé (fort, bien). Elle a beaucoup pleuré. Il travaille beaucoup. Elle est très jolie (fort jolie, bien jolie). Je suis très contente de vous voir. Il est très important de savoir qu'il ne dit pas toujours la vérité. Elle joue très bien (fort, bien) du piano. Le vieillard marcha très (bien, fort) lentement. Le jeune homme courut très vite (fort vite, bien vite). Elle est beaucoup (bien) plus intelligente que lui. L'un travaille beaucoup plus vite que

l'autre. Il écrit beaucoup plus lisiblement que toi. Il apprend beaucoup mieux le français qu'elle. L'auto marcha beaucoup plus lentement que le train. Il travaille beaucoup plus que vous. Il travaille moins bien que toi. Elle est moins intelligente que lui. Ils sont moins appliqués que nous.

(4) grande, petite, neuve, bleue, allemande, française, anglaise, russe, cruelle, mortelle, pareille, moyenne, chrétienne, bonne, mignonne, nette, coquette, idiote, bigote, vile, civile, grise, confuse, concise, divine, certaine, brune, légère, entière, vive, active, publique, turque, une, intérieure, meilleure, supérieure, menteuse, trompeuse, moqueuse, destructrice, consolatrice, motrice, longue, aiguë, favorite, belle, nouvelle, folle, vieille, voisine, fine, naturelle, douce, sèche, fraîche, ancienne, rouge, rieuse.

Lektion 7:

(1) Il a ardemment travaillé, il a travaillé ardemment. Ebenso mit prudemment, étonnamment, constamment, négligemment, assidûment. Il a agi aveuglément. Il a mal, bien, peu, beaucoup appris. Il a appris plus que toi, le plus. Il a parlé confusément. Ils ont joué communément. Cela m'a profondément touché, touché profondément. J'ai agi conformément. Avez-vous été couché commodément? Je lui ai répondu dûment, je lui ai dûment répondu. Perfekt von *aller bien* nicht üblich, statt dessen nur Imperfekt gebräuchlich, daher: Il allait bien, nous allions mal, ils allaient mieux que nous. Il a patiemment attendu, attendu patiemment. Vraiment, cela a été une bonne réponse. Il a toujours poliment répondu, il a toujours répondu poliment. Il a parlé négligemment, il a négligemment parlé. Les élèves ont soigneusement fait leurs devoirs (f. soigneusement). Le professeur a sévèrement puni les élèves (p. sévèrement). Il a patiemment écouté (é. patiemment). Elle s'est toujours élégamment habillée; elle s'est habillée toujours élégamment, elle s'est toujours habillée élégamment. Il a agi cruellement, il a cruellement agi. Elle a mal parlé de toi. Il n'a absolument rien compris. Décidément il a eu tort. Elle n'a jamais agi obstinément. Il a énormément travaillé (tr. énormément). Il a mieux (plus mal) écrit que toi. Il a travaillé plus (moins) que toi. Il a travaillé le plus, le moins de tous. Il a ardemment espéré (e. ardemment) qu'il fera beau. On n'est pas allé impunément à une telle vitesse. Elle s'est conduite gentiment, gentiment conduite. Heureusement il est

venu. Malheureusement il a perdu tout son argent. Il a été extraordinairement assidu. Il a marché plus lentement que moi. Charles a couru le plus vite. Monsieur Dupont a beaucoup lu. Mme Dupont n'a pas lu autant que son mari, n'a pas autant lu que son mari. Pierre a travaillé aussi assidûment que Monique. Elle a appris moins assidûment que lui. Elle a joué du piano moins diligemment.

(2) Ce livre m'a beaucoup plu. Son comportement m'a beaucoup déplu. Ce livre m'a beaucoup (fort) intéressé. Il a beaucoup travaillé. Elle a été très jolie. Je me suis beaucoup (fort) réjoui(e) de vous voir. Il a été très important de savoir qu'il n'a pas toujours dit la vérité. Elle a fort bien joué du piano. Le vieillard a marché très lentement. Le jeune homme a couru très vite. Elle a été beaucoup plus intelligente que lui. L'un a travaillé beaucoup plus vite que l'autre. Il a écrit beaucoup plus lisiblement que toi. Il a appris le français beaucoup mieux qu'elle. L'auto a marché beaucoup plus lentement que le train. Il a travaillé beaucoup plus qu'elle etc.

(3) bienveillamment - avec bienveillance; tristement - avec tristesse; fortuitement - par hasard; craintivement - avec crainte; joyeusement - avec joie; attentivement - avec attention; simplement - avec simplicité; soigneusement - avec soin; prudemment - avec prudence; impatiemment - avec impatience; respectueusement - avec respect; misérablement - dans la misère; fâché, il dit oder: il dit d'un ton fâché; poliment - avec politesse; succinctement - d'une manière succincte; paisiblement - en paix; secrètement - en secret.

Lektion 8:

(1) 1) –; 2) de; 3) –; 4) à; 5) –; 6) à; 7) de; 8) –; 9) –; 10) –; 11) –; 12) –; 13) –; 14) –; 15) –; 16) –; 17) –; 18) –; 19) –; 20) à; 21) à; 22) à; 23) à; 24) à; 25) à; 26) à; 27) à; 28) à; 29) de; 30) de; 31) de; 32) de; 33) de; 34) de; 35) de; 36) de; 37) de; 38) de; 39) de; 40) de; 41) de; 42) de; 43) de; 44) à; 45) de; 46) à; 47) de; 48) –; 49) à; 50) –.

(2) allant, dormant, pouvant, voulant, punissant, ouvrant, buvant, croyant, mourant, obéissant, payant, partant, franchissant, pleurant, étant, ayant, s'asseyant, conduisant, connaissant, craignant, croissant, cueillant, devant, disant, écrivant, faisant, fuyant, lisant, luisant, mettant, naissant, plaisant,

prenant, riant, suffisant, suivant, tenant, vainquant, venant, vivant, voyant.

(3) étant allé, ayant dormi, ayant pu, ayant voulu, ayant puni, ayant ouvert, ayant bu, ayant cru, étant mort, ayant obéi, ayant payé, étant parti, ayant franchi, ayant pleuré, ayant été, ayant eu, s'étant assis, ayant conduit, ayant connu, ayant craint, ayant crû, ayant cueilli, ayant dû, ayant dit, ayant écrit, ayant fait, ayant fui, ayant lu, ayant lui, ayant mis, étant né, ayant plu, ayant pris, ayant ri, ayant suffi, ayant suivi, ayant tenu, ayant vaincu, étant venu, ayant vécu, ayant vu.

Lektion 9:

(1) Je suis sûr qu'il le bravera (l'affrontera). Ne l'affronte pas, il est plus fort que toi. Il l'a aidée dans sa détresse. Je les aiderai de mon argent. Il a contrarié les projets de son chef. Il a devancé tous les coureurs. Il devancera tous ses rivaux. Il ne l'a jamais égalé. Corneille égale Racine en gloire. Il m'a félicité de (pour) mon succès. Félicite-la à l'occasion de son anniversaire. Il a maudit sa destinée. Il a prévenu ses ennemis. Tu dois essayer de prévenir tes ennemis. Ne crains pas les hommes! Ne les crains pas! Ne crains rien! Je ne peux pas me souvenir de l'histoire. Je lui rappellerai son offre. Je la lui rappellerai. Il m'a raconté son voyage. On m'a demandé, on vous a demandé, on vous a demandés.

(2) Elle s'est acquittée de son devoir consciencieusement. Je suis sûr qu'il profitera de l'occasion. Peux-tu te souvenir de cette affaire? Elle s'est beaucoup souciée de lui. Il a hérité de son riche oncle américain. Il a hérité d'un million. Il a hérité de lui un million. Cher Monsieur Dupont, je vous remercie cordialement de (pour) votre lettre, que j'ai reçue hier. Puis-je vous féliciter de votre grand succès? Je me suis beaucoup réjoui de l'écho que votre œuvre a eu dans la presse. Vous ne vous plaindrez certainement pas de la critique. Il s'occupe de la littérature française. Je ne me mêlerai pas de cette affaire. Je me méfie de toute cette histoire. Je me suis douté depuis longtemps de ce malheur. J'ai toujours douté de sa sincérité. Bien sûr, il se moquera de nous. Mais je peux me passer de son aide. Bien sûr, il se trouvera une occasion, où je pourrai me venger de lui. Alors je jouirai de mon triomphe. En aucun cas je ne désespérerai de ma situation, de mon état. Au fond il ne s'agit que d'une bagatelle. Je ne me repentirai pas de ma

manière d'agir. Un jour il s'apercevra qu'il a agi injustement et qu'il a besoin de mon conseil. J'ai pitié de lui. Maintenant il rit de moi et plus tard il se plaindra de son destin. Il a déjà essayé de s'approcher de mon ami, mais celui-ci s'est méfié de lui, car il doute de l'honnêteté de son caractère.

Lektion 10:

(1) Il a passé quinze jours en Angleterre. Il a mis quatre heures en avion pour aller de Berlin à Londres. Mon frère vit en Amérique, ma sœur en Australie. Madame Dupont est allée en ville pour faire des emplettes. Ce soir nous dînons en ville. Aujourd'hui les avions traversent l'océan en un jour. Napoléon naquit en dix-sept cent soixante-neuf. D'aujourd'hui en huit nous serons en France. Et où? À Paris, naturellement. Au printemps Paris est une merveille. En été il fait à Paris une chaleur insupportable. Le professeur dit souvent: „Étudions la question en détail.“ En général, il dit la vérité. En réponse à votre lettre du 1er janvier (du trois, onze, seize, vingt-et-un janvier) je vous fais part que malheureusement nous ne pouvons pas encore vous envoyer la marchandise. Cette fois-ci nous irons à Paris en auto, nos amis vont à Marseille en avion. En physique c'est un bon élève, en français il est très faible. En cas de doute je te téléphonerai encore une fois. Rilke a traduit „Le Retour de l'Enfant prodigue“ de Gide en allemand. En tout cas je t'écrirai encore. Il a pris l'affaire en main, quoiqu'il se trouve en mauvais état. Vous devez aller à Paris en sens inverse. Elle est sortie en robe blanche. Tu ne dois pas mettre en doute sa réponse. En toute confiance je dois te dire que tu te trompes. En cas de guerre il quittera le pays. Il s'est mis en colère, lorsqu'il reçut cette lettre. En l'honneur de Bernadette on a construit à Lourdes une cathédrale énorme. Le président a pris part en personne à l'inauguration de l'exposition. En l'absence du chat les souris dansent (Proverbe). En l'an de grâce 1596 naquit Descartes, le grand philosophe français. Pour avertir le criminel le policier a tiré en l'air. En ce temps-là il était encore riche. En son nom je dois te dire que tu t'es mal comporté. Ce tableau est unique en son genre.

(2) Je donnerai un livre à celui qui m'aidera. Nous ne connaissons pas ceux (celles) dont vous parlez. Je pense à celui auprès de qui il vit. Celui avec qui je suis allé me promener, est mon ami. Celle avec qui tu l'as vu, est son amie. Ceux sans qui je ne peux pas vivre, sont mes parents. Ceux dont on parle,

ne sont pas toujours les plus importants. Voici deux livres: Prends celui qui te plaît.

(3) Voyage avec qui tu voudras! Qui rit vendredi, dimanche pleurera. Qui travaille laborieusement, réussira. Aimez qui vous aime. Le devoir n'est pas difficile pour qui connaît bien sa leçon. Ne nous empêchez pas de voyager avec qui nous voulons.

Lektion 11:

(1) Dans ma chambre se trouve une grande table ronde. Dans notre jardin il y a beaucoup d'arbres fruitiers. Je gare mon auto dans la cour. Dans ce fleuve il y a très peu de poissons. Le garçon n'a pas un sou dans la poche. Nous nous sommes promenés dans les champs. As-tu une mouche dans la main? Cela, tu peux l'acheter dans chaque pharmacie. Ils se sont promenés dans Paris. Il a un bonbon dans la bouche. Cette poire fond dans la bouche. Je l'ai rencontré dans la rue de Rivoli. Retire-toi! Tu es dans mon jour. Tandis qu'il vit dans la misère, son ami vit dans l'opulence. Dans la pratique de la vie professionnelle beaucoup de choses ont un autre air que dans la théorie. Il y a encore beaucoup de misère dans le monde entier. Dans ce domaine je n'ose te contredire. Dans la vallée de la Loire se trouvent de nombreux châteaux magnifiques. Il a bu l'eau froide dans la main. Il a mangé la soupe dans une assiette creuse. Tu dois juger l'œuvre dans son ensemble. Je te téléphonerai dans quinze jours. Il sera de retour dans une heure. Il est parti en Amérique dans le but de régler ses affaires. Le classicisme français prend (puise) ses sujets dans l'antiquité. Dans ces circonstances je ne peux pas t'aider. Il fut blessé dans un accident. J'agirai toujours dans les règles. Dans le fond, c'est un homme convenable. Chacun payera dans la mesure de ses moyens.

(2) Dans une pension de famille, „La pension Vauquer". Le Père Goriot, ancien vermicelier. E. de Rastignac, jeune homme. Vautrin, le forçat évadé. Eugénie Gr. et Le Père G., les plus célèbres romans de B. Vers son cousin Charles, élégant dandy parisien. F. de Va., cadet d'une famille arist. Cés. Birotteau, histoire ... et La Cousine Bette, roman complexe de la jalousie d'une femme, la cousine Bette, et de la dégradation d'un homme dans la débauche (Ausschweifung), le baron Hulot. J. Sorel,

fils d'un scieur. Julien gagne la confiance du Supérieur, l'abbé Pirard, qui obtient pour lui une place de secrétaire chez un ultra, le marquis de la Môle. De sa fille, la romanesque (schwärmerischen) Mathilde. Emma Rouault, jeune fille, épouse un médecin, brave homme.

Lektion 12:

(1) Au nord de la France une importante industrie s'est développée. Au contraire, je ne lui dirai rien. La cathédrale de Chartres fut bâtie à deux époques différentes. Dans les grands restaurants on peut manger à toute heure du jour. Hier soir, nous étions au cinéma, demain nous irons à l'opéra. Je t'envoie déjà à l'avance tous mes vœux les plus cordiaux. A cet égard tu peux être totalement (entièrement) tranquille. Il travaille du matin au soir. M. Dupont demanda à l'hôtelier: „Puis-je avoir une chambre à un lit?" Ne remets pas le travail à demain! Elle dit à voix basse: „À bientôt!" Le paysan travaille toute la journée aux champs. J'ai passé mes grandes vacances à la campagne. L'année prochaine j'irai à l'étranger. Au coin de la rue se rassemblaient beaucoup de personnes. Tout à coup elle s'est coupée au doigt. Le chien m'a mordu à la main. Elle lui chuchota à l'oreille: „Ne m'oublie pas, lorsque tu seras au Caire." A ce moment-là il lui rit au nez. Au mois de mars commence le printemps. La bague de diamant brillait au soleil. À mon avis (à mes yeux) il a tort. Madame Dupont a toujours de la veine au jeu. Elle a reçu son mari à bras ouverts. L'auto de M. Dupont consomme huit litres au 100 kms. Elle porte une robe à la dernière mode. L'enfant est tombé à l'eau. Au sens plus étroit le mot Vénus signifie une déesse, au sens plus large „grande beauté". À l'avenir je ne te dirai plus rien. Le drapeau flottait au vent. Il avait un cigare à la bouche et ne disait mot. À l'heure qu'il est, la situation politique est très incertaine. Il aime écrire au crayon, alors que je préfère le stylo à bille. Il buvait le vin dans un verre à eau. Au 19e siècle l'industrie s'est énormément développée. Il peut venir à chaque instant. À ces mots il disparut. J'ai laissé ma valise à l'hôtel. Je ne mange pas à la maison, mais au restaurant. À l'ouest de Paris se trouve l'Arc de Triomphe. Au singulier on doit dire „le mur", au pluriel „les murs". Il m'a déçu à tel point que je ne lui parlerai plus. Avez-vous déjà mangé de la soupe à l'oignon? Goûtez-la! L'eau vous viendra à la bouche. Cela, je vous le dis déjà à l'avance. À côté de moi, sur le banc, était assise une très jolie dame. Ses cheveux brillaient au soleil. Sa

beauté sautait aux yeux. Plus tard je la revis au volant de sa voiture. Évidemment elle habitait à Paris.

(2) 1) il a; 2) tu dises; 3) elle s'est trompée; 4) il mente; 5) vous veniez; 6) tu le fasses; 7) vous ayez menti; 8) vous soyez venus; 9) tu ne puisses pas; 10) je ne le verrai plus; 11) il est venu; 12) il vienne; 13) il est; 14) il m'écrive; 15) je ne peux pas ...; qu'il vienne me voir; 16) j'aie lu; 17) qui le sache; 18) qu'elle soit partie; 19) qui est fidèle; 20) soit; 21) qu'il s'en repente?; 22) qui ait; 23) qui sache; 24) il pleuve; 25) sans qu'il le sache; 26) il le lise; 27) il vienne... doive; 28) veuille; 29) il ne s'en aille; 30) nous nous en soyons aperçus.

(3) 1) qu'il; 2) à quoi; 3) à qui; 4) que; 5) dont, de qui; 6) dont; 7) sans qui, sans laquelle; 8) dont; 9) à laquelle; 10) duquel; 11) dont; 12) dont; 13) auquel; 14) à laquelle; 15) qui; 16) à quoi; 17) dont; 18) dont; 19) pour laquelle, dont; 20) qu'il; 21) de laquelle; 22) qu'il; 23) qu'il ...; 24) avec qui, avec laquelle; 25) laquelle; 26) lequel; 27) lesquels; 28) duquel; 29) lequel; 30) qui a été détruite.

Lektion 13:

(1) Elle est allée à l'école. Elle a couru très vite. Ils sont descendus dans la rue. Hier nous sommes rentrés de France. Il l'a suivie en cachette (secrètement). Le criminel avait disparu avant qu'on ne pût le saisir. Elle est morte hier. Il est tombé et s'est cassé la jambe. Nous sommes restés à la maison. Il a sorti l'argent de sa poche. Il a descendu la valise (monté). Il a fui précipitamment hors de la ville. L'écureuil a sauté de branche en branche. Elle a sauté par la fenêtre. Il est devenu très riche. Ils sont partis en France. Nous sommes restés en Allemagne. Combien de temps êtes-vous restés à Marseille? Où as-tu demeuré à Paris? Il a grimpé sur l'arbre comme un chat. Il a réussi à la convaincre. Il n'a pas reculé d'un pas. Les paysans ont rentré la récolte. La guerre a éclaté en 1939. Il a succombé aux suites de sa blessure. Les animaux ont péri dans les flammes. Il a erré toute la nuit au hasard. Les ennemis ont envahi brusquement le pays. Beaucoup de Puritains anglais ont émigré en Amérique. Il a nagé longtemps dans l'eau froide. Ils sont convenus de voyager ensemble. Il ne nous a pas convenu de voyager avec lui. Il est né à Paris. Il a succédé au trône de son père. Les paroles ont pénétré jusqu'au fond de mon cœur. Il a échoué à son examen. Il a marché trois heures.

(2) Il s'est trompé; vous vous êtes trompé(s); t'étais-tu trompé?; vous vous serez trompé(s); t'es-tu accoutumé à ce travail?; vous vous êtes souvenu(s) de lui; il se sera plaint; il s'en était plaint; il s'était offert à monter la valise; ils se sont exercés; il s'y sera exercé; il s'était empressé d'aller en ville; elle s'est dépêchée de répondre à ta lettre; nous nous serons apprêtés à faire notre devoir; s'y sera-t-il décidé?; ne t'en es-tu pas repenti?; il ne s'en est pas repenti; pourquoi ne s'en sont-ils pas repentis?; la faute dont nous nous sommes repentis, a été grave; vous vous en êtes réjouis?; s'en sera-t-il réjoui?; ils se sont méfiés de lui; s'était-il méfié d'elle?; ils se seront moqués de vous; t'étais-tu vengé d'eux?; t'étais-tu préparé à ton examen?; s'en était-il douté?; ils se seront fâchés de ton comportement; nous nous étions réveillés; l'oiseau se sera échappé; s'en était-il étonné?; la cruche s'était cassée; les flammes s'étaient éteintes; t'en étais-tu aperçu?; la voiture s'était arrêtée; il se sera couché; se sera-t-il promené?; il s'en était étonné; vous vous serez tus.

Lektion 14:

(1) Le pain est vendu par le boulanger. Le mur fut réparé par le maçon. La voiture d'enfant fut poussée par le père. L'ordre fut donné par le général. Elle fut suivie par un voleur. La ville est entourée de murs. Le maître est respecté par les élèves. L'élève fut loué par le maître. La jeune fille fut accompagnée par son ami. Les souliers sont couverts de poussière. Le verre était rempli d'eau. Le docteur, assisté de son infirmière, fit le bandage du malade. Suivi d'un cortège, le président se rendit à l'Arc de Triomphe. Accompagné de son fils, il visita le musée. Il est mort aimé de tous. Ébloui de soleil, il cligna des yeux. Haï de tous, il fut mis en prison. Nous sommes menacés d'un malheur.

(2) Madame Dupont s'est fait faire un tailleur. Le chef a fait venir l'employé dans son bureau. Il lui a fait lire une lettre. Ensuite il a fait écrire à l'employé une réponse. Il la lui fait écrire. Il a laissé l'employé fumer une cigarette. Il lui a laissé fumer une cigarette Il la lui laisse fumer. Le professeur fait lire aux élèves le texte. Le professeur leur fait lire le texte. Le professeur le leur a fait lire. Les parents ont laissé leurs enfants voir le film. Les parents leur ont laissé voir le film. Les parents les ont laissés voir le film. Les parents le leur ont laissé voir.

(3) Il m'a toujours pris pour son ennemi. La direction l'a nommé chef de rayon. Je le ferai mon compagnon. Il l'a rendue très heureuse. Il se dit un ami des animaux, mais traite son chien en monstre, en aucun cas en ami. Je l'ai institué mon héritier. Il s'est institué (fait) défenseur des pauvres. Il considère l'affaire comme terminée. Je crois l'argent perdu (je considère l'argent comme perdu). Il s'est montré très aimable. Il passe pour l'auteur de cet ouvrage. Je ne peux pas le reconnaître comme ami. Je l'avais pris pour un homme d'esprit, maintenant je ne peux que le traiter d'imbécile, je le déclare même fou, quoiqu'on l'ait choisi comme chef de bureau.

Lektion 15:

(1) Les romans que tu m'as prêtés ne m'ont pas plu. Les livres que j'ai achetés, étaient très chers. La robe que madame Dupont a achetée, était bon marché. Ils sont partis. Elle s'est trompée. Quels romans as-tu lus? Les as-tu lus? La lettre qu'elle m'a écrite, m'a beaucoup désillusionné(e). L'as-tu déjà lue? Elle ne s'est pas repentie de nous avoir reçu(e)s. Les propositions qu'il m'a faites, étaient bonnes. Ils se sont dit des injures. Les injures qu'ils se sont dites, étaient rudes. Combien d'images a-t-il vendues? Les images que mon oncle a achetées, m'ont beaucoup plu. Les as-tu déjà vues? L'amie est partie. Quand l'as-tu vue pour la dernière fois? Je l'ai rencontrée pour la dernière fois il y a une semaine. Je l'ai vue dans la rue et je l'ai suivie. Je l'ai remerciée de sa lettre. Ne la contredis pas toujours! Je ne l'ai pas contredite. Je l'ai écoutée tranquillement. Ensuite je lui ai conseillé de s'excuser auprès de son ami. Je l'ai aidée aussi bien que je pouvais. Puis la bonne, qu'elle avait sonnée, est entrée, et nous nous sommes enfuis. Nous l'avons crainte.

(2) S'il s'excuse, je lui pardonnerai. S'il s'excusait, je lui pardonnerais. S'il s'était excusé, je lui aurais pardonné. S'il dit la vérité, je l'aiderai. S'il disait la vérité, je l'aiderais. S'il avait dit la vérité, je l'aurais aidé. Si tu t'en repens, je te croirai. Si tu t'en repentais, je te croirais. Si tu t'en étais repenti, je t'aurais cru. Si je la vois, je la saluerai. Si je la voyais, je la saluerais. Si je l'avais vue, je l'aurais saluée. S'il me répond, je lui écrirai. S'il me répondait, je lui écrirais. S'il m'avait répondu, je lui aurais écrit. Si tu la remercies de sa lettre, elle viendra. Si tu la remerciais, elle viendrait. Si tu l'avais remerciée, elle serait venue. Si tu es fidèle, elle tiendra sa promesse.

Si tu étais fidèle, elle tiendrait sa promesse. Si tu avais été fidèle, elle aurait tenu sa promesse.

(3) j'irai, je m'assiérai, je boirai, je courrai, je craindrai, je cueillerai, j'écrirai, j'enverrai, je ferai, il faudra, je mourrai, il pleuvra, je saurai, je tiendrai, je vaudrai, je verrai, je voudrai, je viendrai, je serai, j'aurai

Verzeichnis zur Sprachlehre

NOTIZEN

NOTIZEN